丛书编委会

大家精要

道 安

崔涛 著

Dao'an

陕西师范大学出版总社

图书代号 SK16N1036

图书在版编目（CIP）数据

道安 / 崔涛著. —西安：陕西师范大学出版总社
有限公司，2017.1（2024.1重印）

（大家精要）

ISBN 978-7-5613-8716-0

Ⅰ.①道… Ⅱ.①崔… Ⅲ.①道安（314—385）—
传记 Ⅳ.①B949.92

中国版本图书馆CIP数据核字（2016）第271384号

道 安 DAO' AN

崔 涛 著

责任编辑	彭 燕	
责任校对	宋媛媛	
特约编辑	石慧敏	
封面设计	张潇伊	
出版发行	陕西师范大学出版总社	
	（西安市长安南路199号　邮编710062）	
网　址	http://www.snupg.com	
印　制	永清县晔盛亚胶印有限公司	
开　本	650 mm×930 mm　1/16	
印　张	10	
字　数	100千	
版　次	2017年1月第1版	
印　次	2024年1月第2次印刷	
书　号	ISBN 978-7-5613-8716-0	
定　价	45.00元	

目 录

第1章

苦命少年的佛法缘

离乱的时代

一千七百多年前，西晋末年，天下大乱，战祸、灾荒连年不绝……

在冀州的常山扶柳（今河北正定南）有一户姓卫的人家，是个世代以读书为业的书香门第，出了不少精通儒学的英才，在当地很有威望。婚姻都讲究门当户对，卫家公子娶了当地世家大户孔家的女儿，她是一个贤淑知礼的女子。卫家和孔家的联姻在当地也是一桩美谈，可在那个离乱的年代，即便是美满的婚姻也难免笼罩着忧虑。卫公子是一个心系天下苍生的儒生，世逢离乱，他常常有一种如履薄冰的感觉。卫、孔两家是当地的大户，为了护卫本族安全，他虽是一介儒生，仍然参加了当地大户们坚壁清野的坞堡组织。

卫公子有些知己朋友，闲时常常和他聚在一起谈论天下大事。西晋永嘉五年（311）的某日，他们又像往常一样在卫公子的书斋聊了起来。

一位刚从外地赶回来的朋友满脸悲伤地说："你们还不知道吧？刘曜、石勒已经攻陷洛阳，怀帝被俘了！洛阳城血流成河啊。"

"这'永嘉'不嘉，乱成这样，朝廷怕挺不了多久了！"

"这天下迟早是匈奴人的了，刘渊叛晋才不过六七年光景啊。"

"当初，朝廷就应该除了刘渊，非我族类，其心必异！"

听着朋友们的嗟叹，卫公子心中也不免感慨万千……

自汉末天下大乱，三国争雄，到西晋天下才得以统一，百姓们都期盼着能长治久安，可司马氏政权却没有带来这样的局面。西晋泰始元年（265），司马炎逼迫魏元帝曹奂禅让，开国称帝。汉末天下州郡割据，曹魏政权被司马氏家族篡夺的历史，一定让司马炎触目惊心，不然，他也不会想到要罢废天下州郡武装，分封同姓宗室，还允许诸王自选长吏，按等置军。晋武帝司马炎大概是想学西周，让同姓屏藩天子，可他忘了历史上的西周最终结局也不过是春秋、战国的群雄争霸。同姓诸王保护皇室政权不过是一场美梦罢了，他的这一做法却为身后的西晋王权埋下了覆亡的祸根。

晋武帝虽然平庸好色，但并不昏聩，统一天下后，他大力优抚蜀、吴权贵及百姓，又执行占田制，与民休息，还是颇受拥戴的。可之后的晋惠帝却是一个十足的草包皇帝，天下饥乱，发生百姓饿死的事，他竟然吃惊地问："为什么不吃肉粥啊？"宋代大诗人陆游有句诗说："劳君树杪丁宁语，似劝饥人食肉糜。"后面那句说的就是晋惠帝。这样的皇帝在位，又怎么可能稳住晋室皇权呢！惠帝即位第二年（291），西晋王朝便开始了长达十六年的内部战乱——八王之乱。天下刚刚有点起色，又怎能经得起十六年战乱的折腾？这场耗时弥久的"八王之乱"，不但毁了当时刚刚复苏的社会经济，耗尽了统治阶层自身的全部力量，更带来了严重的社会、民族矛盾，最后导致了西晋的灭亡。

西晋是被胡人灭的。北方自西晋灭亡就被少数民族政权轮番占据，这在历史上叫"五胡乱华"，匈奴人刘渊叛晋不过是一个起点。

不过，"五胡乱华"却怨不得胡人，这本身也是汉族统治者自己引火烧身。"五胡"是指匈奴、鲜卑、羯、羌、氐等少数民族，当时被称为"戎狄"，他们大都是游牧部落，原本居住在关外。汉魏以来，由于战争的原因，胡人开始大量迁入，汉族政权也多顺势容纳胡人，以便充实边塞，甚至用降服的胡人组织武装来保卫边土或镇压起义。但随着时间的推移，这造成了胡人势力在华夏土地上的迅速膨胀，到西晋时，秦、雍、并三州已成为羌、氐、匈奴的聚居地，泾水、渭水、汾水等流域，也多被胡人占据。惠帝时，胡人的人口数量相当大，关中一百多万人口中胡人就占到一半左右。胡人大量迁入关中，又有相当强大的军事力量，这对西晋政权当然是个很大的威胁，如果处理不好民族关系，有野心的人要乘机起事，那是很危险的，所以，晋武帝、惠帝时都有大臣进谏，希望能将胡人迁回旧土，以免后患。

但胡人内迁，汉、胡杂居的历史已经很久了，"徙戎"的想法根本是行不通的，恰当的做法应该是一面协调好汉、胡关系，一面限制胡人军事力量的发展。西晋在这两个方面都严重失策。汉魏以来，汉人政权普遍有"非我族类，其心必异"的观念，对入迁胡人并不友好，西晋政权也是一样，不但对胡人大加盘剥，贩卖胡人为佃客、奴隶，以充军资，就是大加杀戮的事也时有发生，当时胡人对汉人可以说是非常仇恨的。而另一方面，西晋却又任用胡人为将，任其发展，不加防范。以叛晋的匈奴人刘渊为例，晋武帝时他就做了北部都尉，大臣孔恂、齐王司马攸看到了他的才能与野心，劝武帝防范，却没有结果。后来，晋惠帝继位，又让他做了建威将军、五部大都督，封汉光乡侯。"八王之乱"爆发后，成都王司马颖执政，又任命刘渊做宁朔将军，监五部军事。从这些事情上看，西晋的统治者是非常不明智的。西晋政权本身就已经是枝强本弱，又在异族入迁问题上严重失策，哪里还有能力抵抗任何叛乱呢？

西晋永兴元年（304），有着壮志雄心、一直等待时机的匈奴人刘渊，看到晋朝腐朽凋敝，已不足畏惧，就公然在左国城（今山西吕梁市离石区东北）叛晋称王了。刘渊称帝后曾两次攻打洛阳，都没成功，但他儿子刘聪继位后的第二年，也就是永嘉五年（311）夏天，就派刘曜、王弥、石勒等攻打晋军，在平城（今河南鹿邑西南）歼灭西晋十万大军，杀了太尉王衍，不久便攻入京师洛阳，俘虏了晋怀帝，杀戮王公士民三万多人。这就是历史上著名的"永嘉之乱"。

在这样一个战乱不断、风雨飘摇的历史时期，不要说一般老百姓的生存艰辛不易，就是豪门贵族们也是朝不保夕。卫家在常山是大户，战乱以来既要应付朝廷征税、征粮之事，又要提防叛军、盗寇的抢劫、杀掠。卫公子眼看着天下形势一天比一天恶化，心中难免忧戚，而更让他担心的是，夫人孔氏已经身怀六甲，真不知道这孩子在这个时候来到世间是喜还是悲……

悲苦的童年

西晋永嘉六年，也就是怀帝被俘的第二年，卫公子的儿子出生了。尽管天下依然离乱纷扰，孩子的降生仍然给卫家上下带来一片喜庆。

这个孩子就是本书的主人公——道安，他生得相貌有些丑陋，而且全身皮肤漆黑，和一般刚出生的小孩很不相同，更奇特的是，他的左臂生来就隆起一块多余的肉来，上面隐约还有文字形状的纹理。夫人孔氏很疼爱孩子，可又有些担心，她对丈夫说："这孩子样貌有些奇特，以后会不会……"卫公子一听，不禁笑了，他说："有什么好担心的？人生来有异相，大多是超于常人的征兆啊！古代这样的事情多了，好多人还喜欢按天生的样貌起名字呢！周代唐叔虞出生时手掌有纹，形似'虞'字，就起名为'虞'，周桓公出生时肩上有一块黑记，于是就起名叫'黑肩'了……"

卫公子喜得贵子，完全沉浸在欢乐中，平日的忧虑一时都忘了，他正琢磨着该给孩子起个什么名字呢。

说实话，道安法师出家前究竟叫什么名字已经没有人知道了。道安法师俗姓"卫"，又是常山人，所以他出家后，有人称他"沙门常山卫道安"。"沙门"是古时人们对出家人的称呼，"道安"是他出家后的法号。道安法师长得很黑，是出了名的，他出家后就有人管他叫"漆道人"。古人说东西黑，也称"漆"，"漆车"就是黑车，我们今天还说"漆黑"，形容非常黑，道安法师被称为"漆道人"，虽不免夸张，但也可以想见他的确是长得很黑。他手臂上那块隆起的肉也非常出名，后来不但没有给道安法师带来麻烦，反而给成名后的道安法师带来了个"印手菩萨"的美誉。这大概与中国人自古就对生有特殊标记、形貌奇特的人另眼相看，认为他们多半与众不同有关吧。

道安出生的时候，冀州一带的形势变得更加复杂了。早在道安出生的前几年，冀州就已经成为匈奴人刘渊的部将石勒侵扰争夺的地方。西晋永嘉二年（308），石勒北上攻打冀州，第二年又扫荡常山、中山以及高阳等地，声势日盛，而晋将刘琨、王浚不但不能协力抗敌，反为冀州势力相斗自残，令北方的士族、百姓大为失望。

前赵嘉平四年（314，西晋建兴二年），道安刚刚三岁。晋将王浚与石勒交战，王浚战败，石勒斩杀王浚及其部下一万多人，幽州、冀州失陷。这一年，在石勒与晋军争夺幽、冀二州的这段时间，当地的很多世家大族为了保卫家乡都不得不卷入残酷的战争中，也因此失去了财产甚至性命。那些先前一直坚壁清野，不肯与石勒合作的汉族大户更遭到石勒大军的烧杀劫掠，很多名门望族一夜之间家破人亡。常山扶柳的卫家也未能幸免，道安的双亲都死于这场灾难。

前赵建元二年（316，西晋建兴四年），刘曜攻陷了长安（今陕西西安市西北），纵兵烧掠，杀死王公士民三万多人，俘获了晋愍帝，西晋灭亡了。从刘渊叛晋到西晋灭亡，前后不过十余年。道安法师就出生在这样一个动荡离乱的悲惨年代，所以，后来他在《道地经序》中谈到自己的幼年时说："我出生的时候很不好，正是朝廷覆灭的年代。"

常山卫家被灭，幼小的道安没了双亲，就被表兄收养了。道安的表兄孔先生和道安的父亲一样也是个读书人。他谦和仁义，熟读诗书。他的夫人信仰佛教，宽厚仁慈，更是嗟叹道安不幸的身世，对他疼爱有加，就是到寺庙拜佛也经常带着他，希望佛祖保佑小道安平安长大。

石勒占领黄河以北后，道安的家乡一带逐渐安定下来。石勒很重视中原文化，在前赵嘉平三年（313，西晋建兴元年）占领邺城（今河北临漳邺镇）后，就兴办教育，成立太学，以儒家经术教育将佐子弟。前赵光初二年（319，东晋太兴二年），又在襄国（今河北邢台西南）四门增置宣文、宣教、崇儒、崇训等十余所小学，挑选将佐豪右子弟入学接受教育。可以想见，当时石勒治下的区域，私塾教育即便没有得到鼓励，也不会受到什么破坏。小道安七岁那年也进了私塾。在这样一个离乱的时代，他能有机会入学读书，也算得上幸运了。

小道安入学以后显示出很不一般的聪明禀赋，文章到他手里，往往看上一两遍，他就能当场背诵，老师、同学和乡邻们对此都非常吃惊，他们都没有想到这个其貌不扬、长得黑黑的小孩子，竟然这样不同寻常。就这样，几年下来，小道安就已经通览了《诗》《书》《礼》《易》《春秋》儒家五经，并且常常能抒发自己的见解。孔先生看着小道安渐渐长大，又聪慧非常，认为他将来必成大器。

石勒称赵王以后，加强了对选举的重视，命令州郡每年各举秀才、孝廉、贤良、直言、武勇之士各一人，很多像孔先生这样的汉族读书人也都在为自己的仕进之路打算。孔先生对小道安也有一份特殊的期盼，希望他日后能科考仕进，光宗耀祖。但是他并不知道，小道安从小除了读儒家五经，也一直在接受着佛教思想的熏染。石勒、石虎都崇信佛教，自神僧佛图澄投奔石勒以后，石氏就大力发展佛教，四处兴建寺庙。据载，佛图澄在前赵推行佛教，所经州郡建立佛寺多达八百九十三所。道安的家乡常山也是石赵的统治区域，他从小受到耳濡目染的影响是很正常的，而他自幼痛失双亲的悲惨经历更让他对人生之苦多了些思考。他常常思索人为什么会来到这个世界上，有些人的命运为什么会那么苦……这些问题在他所读的圣贤书中找不到答案，却经常从信佛的表嫂那里，从寺庙的沙门那里听到些议论。虽然他对佛法不是很懂，但他钦佩为众生脱离苦海出家的佛祖，并暗暗发誓，将来一定要出家修行，为天下的百姓寻找解脱痛苦的办法。小道安真是慧根独具啊！

前赵光初六年（323，东晋太宁元年），道安十二岁了。一天，孔先生正琢磨着道安将来的仕途问题，他很想让小道安参加秀才考试，虽然道安年龄不大，可是以他的才能完全可以去参加考试了，但他又有些犹豫，毕竟道安的双亲都死于石氏的战乱，真不知……

一旁的小道安仿佛看懂了表兄的心思，他郑重其事地向表兄提出了一个他怎么也想不到的请求：

"表兄，我想了好久了，我不想考秀才，我想出家。"

"啊？这怎么成！你自幼熟读圣贤书，当知'不孝有三，无后为大'！你可是卫家唯一的血脉，卫家还指望着你光耀门楣啊！"

"是啊，信佛、礼佛就行了，为什么一定要出家啊？"信佛的表嫂也没想到小道安会有这样的念头。

孔先生与夫人最终都没能劝住小道安。因为小道安自幼聪慧，又熟读经书，他们所讲的那些道理小道安本来就明白，然而，他们却解答不了小道安对人生、命运的困惑。他们觉得也许小道安要寻找的答案真的在寺庙里吧。拗不过小道安的执着请求，他们最后同意了小道安的请求，把他带到了离家比较近的一家寺庙拜了师父。

拜师学佛

小道安到寺庙出家后，按寺庙规矩受了沙弥戒，师父给了他一个法号——道安。他的师父也许没有想到，他起的这个法号在不久的将来在中原大地上会那么响亮。

做了沙弥的道安完全换了另一种生活，因为不但在日常生活上不再有表兄、表嫂的照顾，还要持斋守戒。"过午不食"，也就是过了正午就不再吃饭，这是佛陀制定的十戒之一。而且按寺里的规矩，新受戒的沙弥都要接受锻炼考验，做三年杂役，看其是否是真心出家学习佛法。面对这些变化、考验，小道安并没有退却，无论在寺里还是在田间，他都非常勤劳，毫无怨言，守持戒律也很严格，从不违反。这样的生活，他不但不觉得苦，反而觉得很高兴，因为他觉得出家学佛本来就是自己一直以来的愿望，现在一面能持戒，一面又有机会听师父讲佛法，真是太好了！开始道安的表兄、表嫂都很担心，常到寺里来探望，可看到小道安生活得很快乐，加上经常劳动锻炼，身体也比以前结实多了，他们也就放心了。

时间过得飞快，一晃三年过去了，道安十五岁了，他终于可以向师父求佛经读了。他很高兴地向师父讲了自己的想法。师父与道安相处多年，知道他入寺前就读过书，听到他想读佛经，就到后堂找到一卷《辨意长者子经》交给了他，说："道安，你既识得字，读得经书，要好好读它，切不可大意。"道安答应了师父，就捧着经书离开了。

《辨意长者子经》（《辨意经》）是一部小乘佛经，大概有五千字，这是道安出家后读到的第一部佛经。经文讲的是舍卫城中有一个长者的儿子叫"辨意"，他向佛求教：人由于什么因缘得以生为天人？由于什么因缘生为人？又由于什么因缘投生为地狱、饿鬼、畜生？为什么有些人命运好，有些人命运不好？佛陀用因果业报的佛法向他一一作了解释。佛教认为生命有六种存在形态，天、人、阿修罗、畜生、饿鬼、地狱为六道，其中畜生、饿鬼、地狱被称为三恶道，一切有情众生无始以来由于无明造业一直在六道中不停地轮回，死时善业成熟便生于善道，死时恶业成熟便生于恶道。

道安很久没有读书了，他得到佛经非常高兴，随身携带着，田间劳作休息的时候，他就专心致志地读起来。当道安读到辨意向佛陀禀说："将来世界，浑浊不净，充满了贪嗔痴，尊卑无序，人间充满了敌意、恶念。如果有大臣、诸侯贪图王位，便会相互兴师讨伐，身死名灭，那时老百姓就遭殃了……"他不禁想到自己生活的这个兵荒马乱的年代还有死去的双亲，万般感慨涌上心头。

《辨意经》只有五千字，一天下来就被道安背了个滚瓜烂熟。当天傍晚回到寺中，道安便带着《辨意经》来到师父那里归还，并说："师父，弟子想再求一部经书读。"师父听到道安想另求一部经书读，觉得他有些不认真，便责问道："昨天给你的经书还没读完，怎么又要另求经书啊？"道安回答说："《辨意经》弟子已经能背诵了。"师父听到道安说当天就已将五千字的《辨意经》背诵下来，有些吃惊，但他并不太相信，不过他还是又到后堂找了一卷《成具光明经》交给了道安。这一卷经书比《辨意经》要长得多，有将近一万字。道安又高兴地带着经书离开了。

第二天，道安仍然像昨天一样，带着经书来到田间，一边劳作，一边利用空闲时间读经。《成具光明经》是一部讲"成具光明"禅定方法的大乘经书，里面讲了很多与禅定有关的神通变化，道安看得非常入迷，他还是头一次知道原来神通是可以通过禅定修习的。

道安从小读书就有读一两遍即能背诵的能力，到了傍晚这部一万字的《成具光明经》也被他轻松地背诵下来了，于是他又像昨天一样带着经书到师父那里交还。师父问他是不是读完了，道安又回答说已经将经文背下来了。昨天道安说已背诵了五千字的《辨意经》，他的师父就有些不太相信。现在他又说已经将一万字的《成具光明经》也背了下来，他的师父更加觉得不可信。他认为不能任由弟子随便妄语，于是便严肃地对道安说："道安！出家人不打诳语，你既然已经背诵下来，那就背给师父听一听吧。"

道安听到师父这样说，就当着师父的面背起《成具光明经》来，师父也拿着经文核对，等到道安将全部经文流利地背诵完毕，师父不禁大吃一惊。因为他的徒弟不但没有说谎，而且所背诵的经文竟没有一字错漏！他没想到自己的徒弟有这么好的禀赋，而且勤勉诚实，从无傲慢的表现。他非常感慨，也非常感动，就对道安说："道安！你慧根独具，要珍惜今世出家修行的福德，将来必有所成。"

从此，道安的师父给了道安更多阅读经文的机会，也让他偶尔出寺办些事情，希望他能得到些待人接物的人生历练。道安对师父的良苦用意也心存感激，在修行上更加精进不懈怠。

有一次，道安外出为寺里办事，回来的路上夜宿客栈，碰到了一个法号叫作僧先的沙弥。他们两个人都还没有受具足戒，有很多共同话题，于是坐在一起聊了起来。两个同道中人越聊越投机，他们觉得自己出家不像当时的不少人是为了躲避世乱，甚至是为了填饱肚子，他们有共同的出家志向，希望能学习佛法，广度有缘人，拯救众生于苦难……

道安和僧先倾夜交谈，结为法友。第二天临别时，他们相互约定："日后长大，一定不要忘了曾经同游的法友。"他们谁也没有想到这次客栈偶遇，已经悄悄结下了两人日后的另一段佛法缘。

冬去春来，时光荏苒，道安已经二十岁了，寺里师父收藏的佛经他都可以倒背如流了。道安因为经常外出，他知道这个世界很大，也很复杂。外面的世界不像寺里那么简单，但他仍然觉得应该四处游历，那样才能广结善缘，读到更多的佛经，得到真正的历练修行。道安曾不止一次向师父提出独自出寺游方的请求，可都没有得到师父的允许。后来，师父告诉他，沙弥是不可以独自外出的，等他二十岁受了具戒才可以。具戒，也叫具足戒，是僧人要受的大戒，比丘（男性僧人）具足戒有二百五十条，比丘尼（女性僧人）具足戒有三百四十八条。佛教规定出家人只有按一定的仪式受了大戒才真正具备了僧人的资格，可是佛教戒律规定只有年满二十岁才可以受大戒，因为人不到二十岁通常还不具备比较强的心智，还难以承受生活的各种痛苦，不能很好地持戒。

后赵建平二年（331，东晋咸和六年），道安二十岁了，他日夜期盼的日子终于来了，师父为他授了具足戒，鼓励他为广传佛法精进修行，并特许他可以随时出寺四处游学。

第 2 章

邺城中寺拜师修行

游学寻师

受具足戒后不久，道安就离开常山开始了他人生的新经历——行脚游学。这是僧人特有的修行方式，有志于修行的僧侣往往会离开常住的寺庙，居无定所，一边持戒修行，一边随缘教化，宣传佛法，同时也可以寻访高僧大德，拜师求学，提高佛学修为。寻访高僧也是道安外出游学以来立下的一个重要目标，他发现在外游方虽然可以得到在寺里得不到的锻炼，却也失去了师父的指点，佛法修行离不开善知识的指点啊。

佛教把拥有正见，能善巧地指引他人调伏心念步入善法的修行者称为"善知识"。《大般涅槃经》说："为什么叫作善知识呢？因为他能教导众生远离十恶，修行十善……他就像富有经验的大船师，善于渡人过河，诸佛菩萨也是这样，他们能度众生出生死海。"佛法如大海一般渊深，道安不想迷失在没有明灯的海洋。外出游历已经有三四年了，他日日迫切地感到自己需要一位可以依止的师父。

后赵建武元年（335，东晋咸康元年），道安二十四岁，这一年石虎自立为王，迁都邺城。道安在这一年也开始向邺城方向进发，因为他早就听说有一位被人称作"佛图澄"的天竺神僧一直跟随着石氏家族，这次迁都，佛图澄也跟着到了邺城。道安对这位未曾谋面的神僧很感兴趣，只是他不知道有没有机缘拜见，听说佛图澄在后赵石氏家族的地位非常高，常人或许难得一见吧。

道安在游学的过程中也开始收徒弟了，上一年他碰到一个十二岁的河内（今河南沁阳）小孩，无依无靠，觉得与自己有师徒之缘，就收了他做徒弟，给他起了个法号叫昙徽。昙徽聪明好学，又爱问问题，道安自从收了他，路上倒也不再感到寂寞了。

"师父，听说您要拜见的那个神僧是个西来的沙门，他姓什么啊？"

"有人说他来自西域，姓'帛'，也有人说来自天竺的罽（jì）宾（迦湿弥罗），姓'湿'，也有人说他姓'竺'……"

"好怪的姓氏呀！我们出家人还要姓干吗？"

那时人们按惯例经常把从天竺来的僧人称作"竺某某"，道安拜佛图澄为师后，也有人称他为"竺道安"，那他应该是跟着师父姓了。

佛图澄是个西来的僧人，晋怀帝永嘉四年（310），他经由敦煌来到洛阳，本想在那里建立寺庙，宣扬佛法，但很不巧碰上了刘曜攻打洛阳。他的希望落空了，就顺应情势潜藏到草野山林中，准备等待合适的时机再出来立寺弘法。第二年，刘曜的部将石勒在葛陂（今河南新蔡北）一带屯兵，专门以杀戮立威，很多沙门也惨遭屠杀。佛图澄听说此事后，悲悯众生遭此大苦大难，决定改变计划，前往石勒军营，以佛法度化石勒的残暴，以减少天下苍生所受之苦。

佛图澄并没有直接去找石勒，而是到了石勒的大将郭黑略帐下，因为他知道郭黑略信奉佛法，可以做他的引荐人。郭黑略见到高僧佛图澄，非常恭敬，跟从他受了"五戒"（戒杀，戒盗，戒邪淫，戒妄语，戒酒），并执弟子礼。自从有了佛图澄的帮助，一年来郭黑略跟随石勒打仗就经常能预知胜负。这让石勒很吃惊，他不明白这个部下也没有什么出众的智谋，怎么突然有了这般能耐，于是就叫来询问。

郭黑略这才告诉了石勒佛图澄来到军中的事，并说："法师说，将军神武，将拥有华夏广大疆域，而他将成为您的国师。""真是上天恩赐啊！"石勒听了非常高兴，立刻召见佛图澄。石勒问佛图澄："佛道有什么灵验？"

佛图澄一听，就知道这个石勒实在不懂什么深刻道理，倒正好可以通过道术取得他的信任，于是就对石勒说："佛法大道虽然深远难讲，但也是可以用浅近的事情说明的。"

说完，佛图澄随手取来自己乞食用的饭钵，盛满了水，烧香念咒，一会儿便从钵中生出漂亮的青莲花，光彩耀眼。石勒从未见过这般景象，他一下子就被佛图澄的神通震住了，对佛图澄信服不疑。佛图澄劝石勒应该减少杀戮，以免遭到因果报应，石勒立刻答应，饶了本该杀掉的那些战争俘虏的性命……

从此，佛图澄便一直留在石勒身边，一面做军事顾问，一面随机劝化。中州、胡、晋一带很多百姓因为大都蒙受佛图澄佛法劝化的恩泽也都开始信佛了。

在石赵治下几乎没有人不知道佛图澄，道安在游历的几年中也没少听到有关他的神奇故事。就连道安的小徒弟也知道不少佛图澄的奇闻逸事：

"师父，听有的人说他左乳旁有一个洞，洞围有四五寸，这个洞啊一直通到肚子里，有时候肠子会从里面跑出来，他就用棉絮塞住。到了晚上想要读书了，他也不用点灯，只要把棉絮拔出来，洞中就放出光，整个屋子都亮了。到了斋日，他还跑到水边，从洞中扯出肠子，洗洗干净，然后放回去……"

道安早年就读过《成具光明经》，他知道人们讲的那些神奇的事情也就是佛经里讲的神通，是通过禅定修炼出来的，所以，他想佛图澄一定是一位精通禅定的高僧，不过他更佩服的是佛图澄救度众生的大慈大悲的心肠。道安有时候想，石氏家族一向以残暴闻名，佛图澄为了天下苍生一直留在这般有着虎狼之心的人身边，跟他们周旋说法，会不会很危险？转念又觉得，这样想或许是多虑了吧，神僧毕竟不是一般人。

道安带着昙徽走在通向邺城的路上，冥冥之中，他的确离自己的导师越来越近了。

神通大和上佛图澄

佛图澄被石氏家族尊奉为"大和上"，所谓"大和上"也就是"大和尚"，不过，那个时候"和尚"这个称呼是非常荣耀的，不像今天已经成了对一般僧人的称呼。石勒死后，他的侄子石虎篡权掌握了后赵政权，迁都到了邺城，佛图澄也跟随来到邺城，住持中寺。石虎对佛图澄更加尊崇，礼遇有加，他颁布诏令说："大和上是我们的国宝，从此以后，应该给他穿绫锦做的衣服，乘坐雕镂的辇车。朝会的那天，和上升殿，常侍官职以下的都要帮着抬轿子，太子、诸公也都要一起搀扶着上殿。主持朝礼的司仪高喊：'大和上到！'所有坐着的人都要起身，以此彰显他的尊贵。"

石虎又敕令司空李农说："你早晚要亲自前去问候，太子、诸公每五天也要去拜见一次，以表示朕对他的恭敬。"

佛图澄在后赵可以说得到了无上的荣宠，没有哪个臣子可以与他相比。石氏家族为什么对佛图澄这么恭敬尊崇呢？说实话，那是因为佛图澄真的是一位广有神通的高僧，他们对他不敢不信服，也心甘情愿地尊崇他。

佛教认为，由于前世的夙缘福德或通过禅定修行可以获得神通。有六种神通：天眼通、天耳通、他心通、宿命通、神境通、漏尽通。按《高僧传》的记载，这六种神通，佛图澄应该都有。

佛图澄显露最多的是天眼通。前赵光初八年（325，东晋太宁三年），石勒派石虎与刘曜部下刘岳大战于洛西，佛图澄与弟子入住邺城中寺，未见战事就知道刘岳已经被俘获。前赵光初十一年，刘曜攻打洛阳，石勒想前往拒敌，臣僚大多觉得不妥，唯独佛图澄预言此战必能一举擒获刘曜，石勒率军前往，果然应验。佛图澄的这类神通就是天眼通，有天眼通的人多能预知世间种种事情的始末由来。另外，天眼通可以不用亲临现场，就看见六道众生生死苦乐的样子。例如佛图澄一次派弟子远去西域买香，他足不出户，却在手掌中看到弟子落入了强盗手中的情景。

佛图澄也有天耳通。一次，鲜卑段波攻打石勒，人多势众，石勒很害怕，前去问佛图澄。佛图澄说："昨天塔上铃铛鸣响说：'明天早晨吃饭时，段波就会被擒获。'"石勒登上城楼观望，只见段波的大军前后相继，不见首尾，大失所望，以为佛图澄只是为了安慰他才那么说，可是没多久石勒设在城北的伏兵出击，正好遇上段波，竟然就把段波擒获了。通过听铃音来辨知世间因果就是天耳通的一种表现，佛图澄惯用这种神通，石勒之死，他也是这样预知的。当然，天耳通并不限于此，有天耳通的人除了能辨识世间种种声音，也能够不受空间限制听到六道众生苦乐忧喜的语言。

佛图澄又有他心通。一次，佛图澄派弟子法常到襄国（今河北邢台西南），他的另一个弟子法佐刚好从襄国回来，两个人在路上相遇，就共宿夜谈，还谈到他们的师父，直到第二天天亮。等法佐回到寺中拜见师父，佛图澄笑着对他说："昨天晚上你和法常一起谈论为师啦？古人常说：'如果对人恭敬，就是没人看到也不改变原本恭敬的态度。如果为人慎重，就是独处的时候也不会懈怠。''幽独'是考察'敬慎'的根本，你不知道吗？"法佐听后既吃惊又深感惭愧，他这才知道他的师父有他心通的本领。当时的人知道佛图澄有他心通，都纷纷说："不要起坏心眼，和上知道你在想什么啊！"他心通是可以洞悉六道众生心中在想什么的，这种本领很能震慑人，尤其对那些心术不正的人来说，他们会很害怕。佛图澄具有这种神通力，就让想谋逆篡位的太子石邃很害怕，他想要先除掉佛图澄再谋逆，可是最终未能得逞。

那么，什么是宿命通呢？一次，石虎与东晋交战，城池被层层包围，四处告急，石虎非常气恼地说："我又是信奉佛法，又是供养僧人，结果还是有外寇侵扰，看来佛法没那么神！"佛图澄见了石虎，就给他讲了他们前世的因缘，佛图澄说："大王的前世曾经是一个大商人，经商到罽宾寺，出资供养了佛法大会。法会中有六十个阿罗汉，我那时也在参加法会，当时一个得道高僧对我说：'这人（指前世的石虎）命尽时会投生为一只鸡，再一世却会在晋国大地上称王。'现在大王登上了王位，难道不是福德所致吗？边境上碰到敌军侵略，对任何国家都是很平常的，又何必为此愤恨毁谤佛、法、僧三宝呢？"石虎知道做错了事情，就跪下来谢罪了。这件事情说明佛图澄是有宿命通的，所以，他能查知自己与他人的前世今生的因果。

最奇妙的可能要算神境通了。神境通也就是神足通，又叫如意通，有了这种神通就可以自由无碍，随心所欲现身他处，也可以不受空间限制施法救度他人。一次，石虎和佛图澄一起在堂上，佛图澄突然惊呼："不好！幽州有火灾。"他就顺手拿酒洒了起来，过了好一阵，笑着说："已经救灾成功啦。"石虎派使者验问，幽州报告说："那天火从四个城门烧了起来，突然从西南飘来一团黑云，下了一场暴雨，把火熄灭了。说也奇怪，那雨还带着酒的气味……"这就是神境通了。郭黑略远在长安与羌兵作战，落入埋伏；徒弟远在去西域的路上落入强盗之手，危在旦夕，佛图澄也都是足不出户，通过烧香念咒就救了他们。

至于漏尽通，佛教指通过修行获得的一种特殊的境界，得漏尽通可以断尽一切三界见思疑惑、无明障碍，不再受三界生死约束。佛教认为这并不是一般的神通，而是佛教所特有的出离生死的大智慧，阿罗汉都是已经达到漏尽通的修行者。佛图澄有没有漏尽通呢？如果按照大乘佛教的说法，他应该也是有的。因为传说佛图澄死后已入殓，又有人在流沙见到他。石虎令人打开棺材验看，发现尸首已经不见了。这说明佛图澄已经摆脱了一般世人的生死轮回。

这就是当时大多数人眼中的佛图澄，一个具有种种神通，能预知未来，甚至能起死回生的高僧。当然，佛图澄到中原并不是为了来显露自己的神通，他真正的希望是能在这里弘扬佛法，救度这里的一切众生。

邺宫寺拜师

后赵建武元年（335，东晋咸康元年）冬，道安带着弟子昙徽终于来到了邺城。他已经打听清楚，佛图澄就住持在邺城的中寺。中寺也叫邺宫寺，是石虎为佛图澄专门建造的。他还听说佛图澄已经一百多岁了，身边有很多高徒，个个了得，有的精通佛法，有的像他们的师父一样也拥有神通。道安心想：这次来邺城看来是来对了。

第二天一大早，道安便带着昙徽来到了中寺。这是一座宏大壮观的寺宇，参差错落，也不知有多少处院落。寺前有两株古柏，郁郁葱葱，苍劲参天。寺内传出阵阵诵经的声音，一个小沙弥正在寺门前静静地扫着地上的落叶。"没想到在这繁华的邺城中还有这样一个修行的好去处。"道安很感慨，都说邺宫寺是石氏专门为神僧所建，果然非同一般。道安上前，正要向那扫地的小沙弥问询不知能否拜见神僧佛图澄，没想到那个小沙弥合十行礼，呵呵一笑说：

"您一定就是那位远道来拜见我师祖的了！"

"小师父的师祖是……"

"我师祖就是住持，这里谁不知道神僧佛图澄啊？你该不会……"小沙弥上下打量了一番，说，"不可能，师祖说了，今早会有一个长得特别黑的沙门前来，那肯定是你了。"

"和上早知道小僧要来？"道安大吃一惊！他没想到佛图澄不但知道他要来拜见，而且连他的相貌也知道，果然是神僧！

小沙弥引了道安来到寺中会客堂，只见佛图澄早已在那里了。这位高僧大德身材魁伟，约莫八尺，体态安详，相貌温雅。他见道安来了，便笑着缓缓起身上前迎接，道安见状，立刻行礼问候："弟子道安拜见大和上！"

相互行礼过后，佛图澄便和道安攀谈起来。他了解到西晋永嘉六年（312，前赵嘉平二年），也就是石勒召见他的那一年，正是道安出生的年份。他不禁感慨，算起来他到东土传法转眼已经有二十余年了。

一番简单的攀谈后，佛图澄转入了正题，他问道安此次前来中寺可有什么想法。道安心想：大和上既然这样问我，我当如实将自己的想法讲给他听。

于是道安说："久闻大和上神通了得，来此又亲身经历，着实让人诧异。弟子早年曾读《成具光明经》，对神通之事也略知一二，听说您投石勒也曾变幻钵水生莲让他信服，神通果然有大效用。"

佛图澄说："这不过雕虫小技罢了。当时石勒自然是很震惊，但其实他也没有就完全信服，不久他又半夜戴上头盔，穿起铠甲，提刀坐在帐中，派部下来试探我，要部下对我说：'晚上大将军突然不见了。'那人来后，未来得及说话，我便反问他说：'平日里又没有敌寇，半夜戒严干什么啊？'他这才对我礼敬有加。还有一次，他又想借机难为我，我以他心通知道后便故意藏了起来，等他心中后悔又去见他……加上在行军打仗的胜负上，我从未虚言不中，久而久之，他也就再也不敢不信服了。"

"这样说来，神通的确可以让那些不信佛法的人信服。"道安听了点点头，若有所思。然而他又有些疑惑，便接着问道："大和上慈悲，投靠石氏一定是为了救度苦难的世人，可大和上觉得依靠神通投靠国主是不是就可以救得众生脱离苦海？"

佛图澄听到道安这样问，心中不禁一惊，他没有想到这个二十多岁的小沙门竟然说出了隐藏在他心底很多年的烦恼来。

不错，自从石氏信服了佛图澄，不但广修寺庙，助他传扬佛教，而且也多多少少减少了杀戮，后赵百姓也因此得以蒙受佛法的恩泽，然而，佛图澄早就发现石氏对他奉若神明，不过因为他拥有神通，他们对佛法的信奉也同样建立在对他的神通的信任上，其实他们对佛法本身并没有多少兴趣去了解，即便偶尔和他们谈到佛法，也只能粗略讲解，收效是很有限的。佛图澄记得一次石虎问他："佛法讲些什么？"他觉得对石虎这种人讲太深的道理是说不清楚的，就说："佛法讲不杀生。"石虎一听急了，说："我做天下的国主，除了刑杀没有办法肃清天下，既然杀生违背戒律，又去信奉佛法，难道还能得到福报吗？"他知道让石虎这样的人戒杀是不可能的，也就只好委婉地劝诫石虎说，帝王信奉三宝（佛、法、僧），只要有慈悲心，不做暴虐之事，不杀害无辜百姓，就会有大福德了。他还能说什么呢？

佛图澄当初投靠石勒就是因为石勒太残暴，希望用佛法劝化他减少杀戮。不过，石勒虽然性格残酷，尚有些帝王胸怀，建立后赵之时，也大有吸收中原文化、一统天下的豪情壮志，可现在的石虎、石邃父子除了贪婪荒淫，有的就是一个比一个残暴了。那个石邃残暴到竟然还将宫女美人装饰后斩首洗血，放在盘子上，传着给大臣看。最近听说他又做出将女子奸杀后和牛羊肉一起煮了吃的事来。如此残暴之人怎么能做太子呢？以后后赵的百姓不知道将要落入什么样的人间地狱啊！石虎的残暴荒淫已经让佛图澄深感无能为力，太子石邃更让他感到可怕，他的神通在这些残暴的帝王面前又能阻挡多少罪恶之事呢？

道安一语，让佛图澄一时陷入了深思，他觉得眼前这个年轻人不简单。

过了片刻，佛图澄回答说："神通在佛法而言其实不过是微末的小技，本不足道，然而对于顽劣难教之徒，也有令他们信服的用处，但入我佛门修行解脱终究是不能靠这些的。"

佛图澄这样一说，让年轻的道安立刻明白了许多，原来大和上大显神通也只是不得已而为之啊！看来要弘扬佛法真的很不容易！道安对大和上佛图澄更加由衷地敬佩了。他以前和其他人一样觉得拥有神通是非常了不起的，而没想到在大和上的眼中神通不过是微末小技，这样一个没有傲慢心的人一定有很深的佛法修养。

道安向佛图澄讲出了游学多年来憋闷在自己心中的很多疑问和想法，佛图澄一面饶有兴致地听着这个年轻人讲述，一面耐心地跟他讲解。这两个人，一老一少，算起来也相差八十岁，居然一起聊得越来越起劲了。

就这样，一天竟然就悄悄过去了……

直到傍晚时分，弟子们都不知道师父佛图澄在和一个什么高人会面，很多人都猜想屋子里面应该是位和师父一样的得道高僧，可等师父和道安一起出来时，众人都大吃一惊，原来竟然是这么一个长得又黑又丑的家伙，年龄也不大，他能有什么能耐？众人不禁纷纷低语，议论起来。见众弟子都轻浮议论，佛图澄便当着道安的面批评他们说："这个年轻人见识深远，不是你们能比的！"

一整天的悉心交谈早已让道安对佛图澄钦佩不已，有心拜师，他本想待他日再表明心事，如今听到人和上如此器重他，便扑通一声跪在了佛图澄面前："大和上慈悲，弟子从此愿侍奉左右，弘扬佛法。"

佛图澄成了道安的第二位师父，他也是道安的终身依止师父，此后道安一直追随佛图澄长达十三年，直到后赵建武十四年（348，东晋永和四年）佛图澄去世。

扬名邺宫寺

佛图澄是位很慈悲又很严格的大和上，拜师后，道安几乎每天都是早起晚睡，因为他必须在上早课之前先行到师父那里听佛法，晚上别人已经休息了，他还要到师父那里去复诵白天学习的经文。如果道安不是有惊人的记忆力，他可真有点吃不消了。可每当他看到师父已百岁高龄还这样勤奋教诲弟子，就不敢有丝毫懈怠。看到道安勤奋用功，又聪明绝伦，佛图澄也很高兴，他希望能将自己的毕生所学都教给这个晚年新收的小徒弟。

佛图澄在向道安讲法前先介绍了他毕生所学佛法——戒律学、经藏佛法、毗昙学（阿毗达摩论），并简单地介绍了三种佛法学问的大致内容。他问道安希望他从何处讲起，道安选择了经藏佛法，这没有让佛图澄感到吃惊，因为他所接触到的中原弟子，几乎没有例外，都对复杂烦琐的戒律学与毗昙学不太感兴趣。当然，他没有责怪道安，只是告诉道安他所学佛法属"一切有部"，非常重视戒、定、慧三学的修行次序，并一再告诫道安，凡修行佛法当以戒为根基，没有根基什么都立不住，而由戒方能生定，由定才能成就无上解脱智慧。佛图澄本人就持戒精严，从不饮酒，坚持斋戒，过午不食，违背戒律的事情从来不做。

其实，道安并不是不喜欢戒律，他只是觉得当今信佛拜佛的人越来越多了，可是能读的经文却很少，又怎么修行、传法呢？所以最要紧的还是先多学习记载佛陀讲法的经。一次，他很好奇地问佛图澄："师父，既然戒律那么重要，您又很精通，为什么不将戒律全部诵出，要求弟子们守持呢？"

佛图澄听了说："戒律是佛陀亲自制定的，佛陀告诫说，能守戒就有清净僧团在，有清净僧团就有佛法。戒律毁亡之日也是佛法失传之时啊！守戒当然很重要。可戒律重在守持，就是传到中土的那些最基本的戒律，沙门尚且守持不好，多诵又有什么益处啊！"

道安听到佛图澄这样说，心想：既然戒律这么重要，有机会一定让师父详细开示，一定要让佛法长驻中土。

佛图澄精通佛法，又常常能够深入浅出地进行讲解，经过整整一个冬天的努力，道安感觉自己在佛法修行上充实了很多。佛图澄也觉得道安在佛法修为上有了很大进步，完全可以为他担任讲法的"复讲"了。

所谓"复讲"就是讲法助手。佛图澄一向非常了解中土弟子们的特点，他们大多不喜欢繁杂啰唆，可佛经所讲很多都是非常烦琐的，于是，他在讲法的时候，大多时候都是只讲宗旨大义，使弟子们对所讲佛经有所明了就打住了，并不求太深入。这样的好处是多数弟子都有所收获，又不至于困惑难解，坏处当然是不少弟子总觉得不满足，免不了下来还是要来缠住他问。所以，佛图澄一直希望能有一个弟子给他做复讲，在他讲完后，再为众弟子作详细开示，但他一直没有找到一个能让他满意的人选，因为他的不少弟子也算得上聪明才俊，如果不是特别有才学的人来做这个复讲，还真不一定能让他们服气哩！

后赵建武二年（336，东晋咸康二年）春，一日，阳光明媚，邺宫寺大殿前早已为讲主备好高座，众弟子们齐集，只等大和上佛图澄到来。一会儿，大和上带着道安来到众僧前，他笑着对大家说："自今日起，道安就做贫道的复讲师（道安的时代，僧人也谦称"贫道"，唐代以后，才改称贫僧）。讲经第二日，就由道安为人家详解咋日经文，以便温习。道安你去吧。"

这个时候，顺着大和上所示，众僧才注意到在高座前下面又增设了复讲座。道安听师父讲完，便入座开讲起来。

道安来寺没多久便做了复讲，众僧当然不服，每次道安复讲完，他们总觉得不畅快，免不了又要聚在一起闲议一番：

"复讲是替师父讲经啊！他凭什么？"

"才来多久啊，我们法祚师兄、法常师兄、法雅师兄、道进师兄……你们说，哪个不比他强？"

"就是就是，瞅准机会啊，我们一定难为死这个'昆仑子'！"

"昆仑"是那个时候对长得黑的人的称呼。《旧唐书·南蛮传》记载，自林邑（今越南中部）以南的人，都长得卷发黑身，中土把他们叫作"昆仑"。道安长得黑是自小就出了名的，所以寺里的沙门才这样称呼他。那时中印半岛南部及南洋诸岛那些地方在中土人眼中都是荒蛮之地，他们这样称呼道安自然有很轻蔑的意思。然而，道安哪里像他们所想的那么不堪入眼呢！

道安又一次复讲的时候，众沙门虽然纷纷提问，想难倒道安让他出丑，却都被道安一一轻松地挡了回去。他不但很清楚明白地解释了他们提出的所谓"疑问"，而且对他们表现出的贡高我慢之心进行了委婉的批评、劝诫："娑婆世界本是大苦聚之地，当今天下又战乱四起，百姓多遭罹难，不知佛法，更难脱大苦海！我等出家修行，本当齐心协力，共研佛法，以慈悲救世，奈何唇舌相向……"

道安的出色表现着实让众沙门吃了一惊，他们没有想到这个长得很黑、其貌不扬的年轻沙门不但深解佛法大义，深思善辩，还有这等弘法的志向。道安的才貌和志向在邺宫寺一时传为美谈，众沙门都纷纷议论说："漆道人，惊四邻！"意思是说："这个漆黑的沙门着实震惊了周围的人！"

这次复讲对道安的一生都有重大的影响，因为它不只让道安在邺宫寺得以扬名，更奠定了他在邺宫寺众沙门心中的地位。此后，寺中的很多师兄弟像竺法雅、竺法汰等都成了道安的好朋友，不但与他一起切磋佛法经义，也以他为学佛的榜样。在他们的师父佛图澄去世以后，他们或者追随道安一起建立僧团，或者立寺一方，都走上了弘扬佛法的道路。

从格义到游学

冰雪消融，冬去春来，不知不觉中道安已经在邺宫寺跟随佛图澄潜心钻研佛法十余年了。在这十余年中，道安一面跟随师父精研佛法，一面也按师父的要求每天修习禅定。偶尔他也出寺游学，但他从不敢走得太远。他感恩于大和上对他的精心培养，不愿意在他老人家垂暮之年离他而去。

在寺中，道安最喜欢的事情是和他的同门师兄弟们一起探讨佛经义理。佛教毕竟是从外国传入的，不但佛经中讲的很多道理中土的人从来没有听说过，很多概念名称更是闻所未闻，非常难懂。当时，很多西来传经的沙门对中土语言并不精通，帮助译经的中土沙门和外来沙门也有语言上的隔阂，不少经文为了不出错就采取了音译的办法，所以很多沙门觉得读经非常吃力，对于修行又没有效果。

道安的师兄竺法雅和道安一样从小便喜欢读书，没出家之前就精通外学。所谓"外学"就是指佛教以外的学问，像儒家、道家思想都是。竺法雅在读佛经的时候碰到不懂的地方，很善于联系儒家、道家的思想来理解佛经，他觉得很有效，于是就和好友沙门康法朗等人将佛经所讲的能和儒、道等外学联系起来的例子搭配起来，用他们熟悉的外学概念来分析佛经中的概念，再讲给弟子们听。这样一来，很多人都觉得这样读佛经比以前容易多了，这个方法也很快流行起来，他们还给这种办法起了个名字，叫作"格义"。

竺法雅和道安、竺法汰一起探讨佛经疑难的时候也常用

"格义"的办法，道安觉得很新鲜，他自己对外学也很精通，很快便学会了"格义"读经的办法。后来他在为《安般守意经》所作的经序中说："安般念练习要将注意力放在呼吸上才能有所守，修行四禅定要将心念收到形骸以内不外驰才能成就。守呼吸有六个等次，内收心念有四个级别。所谓等次，就是'损之又损，以至于无为'；所谓级别，就是'忘之又忘，以至于无欲'……"

道安在这里讲佛教的安般念禅定修行，就用了"格义"的方法，他是借用《老子》的说法来解释佛经禅法的。但是，佛教以安般念修行四禅定其实是指通过集中于呼吸的名相、概念法，将心念达到和关注对象完全的合一，从而成就专注于一境的修心目的，和老子的无为、无欲并不是一回事。道安这篇《安般守意经》序文作于潜修濩泽的时候，那时他应该已经意识到"格义"的弊端了，可他仍然难以摆脱它，可见这种方法虽然只是中土沙门学习佛教初期的权宜之计，但它的不良影响却是非常大的。

佛图澄是一个严谨而恪守经义的大和上，他的弟子们大多也继承了他的这种风格，对于佛经义理的理解多喜欢谨遵师父教诲，不敢越雷池半步。可道安不同，他在佛法上不但是一个好学的人，也是一个勇于探索的人，他在和师父、师兄弟们研究佛法的时候，不但经常讲出自己独到的见解，碰到难懂的地方，也从不轻易放过，总是喜欢穷究到底，不喜欢动不动就将说不清楚的问题放到一边。

一天，道安想到不同佛经对佛法义理的种种解释多有不周全、不完备的地方，心中很有感慨，就前去师父佛图澄处问询："师父，弟子在您法座下学法多年，常觉佛法义理很多地方不能圆融一致，这是为什么呢？弟子不敢疑法，但又不能释怀。"

佛图澄回答说："佛陀讲法四十九年，都是随缘教化众生，入灭后所传佛法集结成经，由弟子们口耳相传，本无争议。自部派分裂，才莫衷一是，真伪难辨，但各部派都有自己的传承，同出佛陀的法教。"

道安听后感叹地说："佛陀已经涅槃不再住世，可佛陀所讲佛法的玄妙大义还是可以追寻的！应该努力追寻深远的法义，探察佛法的精妙，让旨在脱离轮回生死海的佛法在天下弘扬，让那些享乐放纵无知的人得到教化回头是岸啊！"

"是啊！是啊！"大和上听到弟子的这番话也感慨道。

"弟子偶尔出寺游学，听说南方沙门多宣讲大乘般若佛学，不知师父可了解？"道安接着问道。

佛图澄知道道安一直想出寺游学又放心不下他，就说："道安，为师所学佛法属有部，在传承上一向恪守传统。不过佛法传到中土有它自身的机缘，大乘般若学非为师所习学，为师也听说它好像很受中土人士欢迎，你既有心，可出寺远游，访求经律，一定会有所收获。"

"师父年寿已高，弟子怎能在此时离去……"

"道安，性命自有长短，非人力所能改变，为师已经活了一百一十多岁了，对世间早无挂碍。何况为师身边有很多弟子，你不必担心。"

在佛图澄的一再鼓励下，道安终于放下了心中的包袱。他带上自己的弟了昙徽、昙翼、昙戒几人，又一次外出游学了。昙翼、昙戒都是他在邺宫寺新收的弟子。道安希望这一次能多认识几个像师父一样的高僧，也希望能广求天下佛经，多闻多识，解决心中的佛法疑问。

第 3 章

在北方辗转的弘法道路

乱世受命

后赵太宁元年（349，东晋永和五年）初春，道安带着几个徒弟离开邺宫寺出游已经两年多了。一日，他正盘算着是不是该回邺城看望师父了，突然接到了邺城传来的消息，大和上佛图澄已经于年前坐化圆寂了！道安听到这个消息，非常悲痛，立刻和弟子们直奔邺城而去。

来到邺城，他发现一切都已物是人非，不复从前了。一世暴君石虎已经死去，他的儿子彭城王石遵弄权当政，邺城中一片兵荒马乱的景象。看到这些，道安隐隐感到一段艰苦岁月正在等着他。

竺法汰、法祚等人见到道安回来，一个个悲喜交加，他们告诉道安，师父佛图澄是年前十二月八日在寺中坐化的。石虎为师父筑造了坟墓，还亲自主持了殡葬。师兄弟们纷纷向道安讲起事情的经过：

"一切乱象好像都起于去年夏天，先是石宣因为嫉恨石虎宠爱石韬，密谋先杀害石韬，再趁石虎前去临丧时谋逆作乱行刺石虎，结果虽然杀了石韬，石虎却因为师父的告诫逃过了一劫。事后师父曾劝告石虎不要杀石宣，毕竟都是他的儿子，还说如果能慈悲饶恕他的话还有六十年寿数……"

"可那石虎一向暴虐，盛怒之下哪里听得进劝说，他用铁锁穿了石宣的颌骨，用火将他活活烧死了不说，还把石宣一家三百余口全部车裂肢解扔进了漳河，一时间漳河就成了条血水河。"

"后来石虎在太武前殿大宴群臣，又请了师父去。听说师父曾自问自答说：'能有三年吗？''不能不能。''能有两年、一年、百日、一月吗？''不能。'也不知道什么意思。"

听到师兄弟们的这些议论，道安悲叹道："看来师父去前早已料到石氏家族长久不了了，只怕天下将要大乱。"

"道安说得没错。那天宴会后，师父曾告诉弟子说：'戊申年（348）祸乱渐萌，乙酉年（349）石氏当灭。我要趁祸乱还没发生先坐化。'"法祚应声说道。

听到法祚这样讲，道安心想："原来师父是知道他与石氏家族因缘已尽，不想再住世了。"道安曾听佛图澄讲过他与石虎的前世因缘的故事，"不过，'乙酉石氏当灭'，不正是今年吗？"想到这里，道安不禁紧张了起来，他知道自己的师父一向料事如神，毫无错谬。于是道安立刻提醒众人说："法祚师兄，师父跟你交代那些是要我们提前作打算啊！'乙酉石氏当灭'就应在今年，我们不可懈怠，这几日就各自召集弟子僧众，早作打算才行！"众人一听顿时醒悟，纷纷赞同，遂各自行动去了。

知道道安回寺，寺中很多师兄弟都前来相见，并愿意携带弟子跟从道安。这样一来，道安所带领的僧众一时增加了许多。道安深深感到自己责任重大，便决定担负起维持师父辛辛苦苦所建立的僧团的重任来。为了不致忙中出错，他与众人约定三日后寺中大殿前集合。

可是，道安没有想到为时已晚，石遵一听说道安已回到邺宫寺，就派竺昌蒲做使者前来请道安及其僧众入住华林园了。道安知道那么多僧众想要强行离开是不可能的，也只好暂时率众入住华林园。华林园是后赵石虎建都邺城后兴建的，园墙周围数十里，有凌云城、金花洲、光碧堂等很多美不胜收的景观，那是后赵的皇家花园，之前除了个别弟子曾随佛图澄去过，没有人能随便进去。道安入住华林园后，因为僧众太多，他又不同意分派僧众到其他寺庙，石遵只好又派人扩建了很多房舍。

众僧在华林园住下后，生活无忧，渐渐地有不少人产生了懈怠的情绪，他们在私下里议论，觉得以前佛图澄在时，石虎将他奉为神明，如今大和上不在了，弟子中唯有道安最精通佛法，名气最大，石遵请他入住华林园，很明显是有心效法石虎尊奉佛图澄那样尊奉道安，那以后应该有好日子过，又何必离开邺城呢？

道安觉察到了众人的懈怠情绪，他告诫众人，石氏家族乱象环生，必不能长久，天下不久将要陷入大乱，他之所以让大家聚在一起，就是准备等待时机，偷偷离开这个险恶的地方。

果然，没有多久，石冲听说石遵杀石世自立，便集结燕、赵兵众十余万前来讨伐石遵，石遵写信拉拢石冲不成，只好仓促集结十万余兵马与石冲大战于常山平棘（今河北赵县县城一带）。后赵兵马一时集结北方战场，远在南方的邺城顿时成了空城。道安感到时机已到，就率领着僧众在一个漆黑的夜晚悄悄地离开了邺城，向西面的太行山脉走去，最后他们在漳浊河流域的牵口山（邺城西北）一带停了下来，决定在此暂作休整，因为他们也不知道时局会怎么发展。

牵口山一带生活非常艰苦，幸亏此地离邺城不远，附近有些大户都久仰佛图澄、道安的盛名，经常布施些粮米，道安一行僧众才勉强可以维持度日。可是时局并没有好转，反而更加糟糕了。石遵在平棘打败石冲以后，坑杀石冲士卒三万多人，可他自己也只在位一百八十三天便被石鉴所杀，不久石鉴又被冉闵所杀。这个冉闵原来叫石闵，他的父亲冉瞻本来是汉人，因从小做了石虎的养子，便跟着石虎改姓石。后来石瞻因为骁勇善战，被封为西华侯，儿子石闵也受到石虎的宠爱。石闵和他父亲一样非常善战，立了不少战功，又帮助石遵夺取了皇位。石遵曾答应夺取天下后立石闵为太子，结果却食言立了别人，石闵拥兵自重很不服气，就又帮石鉴杀了石遵。但石闵没想到，石鉴上台后畏惧他势力强大，反过来又要暗杀自己，于是石闵一怒之下又杀了石鉴，自己做了皇帝，国号"大魏"，仍然定都邺城。这一年是公元 350 年，冉魏永兴元年，东晋永和六年。

这个石闵是个有些糊涂而又残忍的人，他在和石虎的儿子们争夺政权的时候觉得石氏家族的人老是出尔反尔，便认为羯族人都不可靠，于是就恢复了本姓，称冉闵，并大开邺都城门，宣称：凡是和他冉闵同心的就留在城里，不同心的人爱到哪里就到哪里去。冉闵夺了政权，不安抚羯族人，反而自己先改回汉姓，又放出这样的话来，羯族人哪能不恐惧万分，于是便纷纷出逃。而冉闵认为这恰恰证明了他的怀疑，羯族人根本不可靠，于是下令见到羯人格杀勿论。冉闵的糊涂判断却赢得了汉人的拥戴，因为自石氏家族统治以来，他们对汉人的血腥野蛮镇压早已让汉人忍无可忍，冉闵被汉人视为民族英雄。在他的率领下，一场羯、汉的大仇杀就这样开始了。

石虎死后，北方旱灾、蝗灾连年不断，自冉闵执政，冀州、并州一带更加混乱，盗贼蜂起，饥民遍野，很多地方都发生了人吃人的事情，就连邺城也成了一座死城。石虎在世时候的那些宫女不能逃命的全都被杀掉吃光了，惨象目不忍睹。牵口山一带原来那些能施舍僧众的大户也都不能自保，很少再帮助道安的僧团。道安觉得回邺城无望，不必让僧众们在牵口山待下去了。他对僧众们说："如今蝗灾、旱灾不断，天下大乱，四处都是盗贼，我们这么多人聚在一起，在这种环境中是很难立足的，但如果大伙分散开，那我们的僧团就不复存在了，我们必须离开这里，另寻安顿的地方。"

北方是战乱之地不可久居，于是道安就带着僧众们从牵口山出发，顺着太行山脉朝西南方向出发了。这一次，他们的目的地是太行山脉南面的王屋山、女休山一带。

潜修濩泽

在王屋山一带有一个叫濩泽的地方，三面环山，一面临水，地界相对偏僻，少受战火侵扰，道安一行便停留在此处。僧众们自己动手伐木，搭建了一处小小的寺院，安顿了下来。因为僧众们经常下山到附近的村落乞食传法，久而久之，也便有不少信众前来供养僧团，寺院也扩建了不少，道安和他的师兄弟们闲暇时倒也能安心研究佛经了。从东晋永和六年（350，冉魏永兴元年）末到永和八年，道安的僧团一直潜藏在濩泽一带。由于道安早已声名远播，当道安住持濩泽的消息传出以后，又有不少沙门慕名前来，或者前来送经共研佛法，或者前来投靠追随，其中比较著名的有竺道护、竺僧辅、支昙讲、竺法济等人。道安的僧团队伍又壮大了不少。

道安在濩泽的几年中研读了很多佛家经典。这些经典有些是新收集到的，有些是从邺城带出来的。

有一部《大十二门经》，是竺道护在东垣界得到的。它本收在《贤者经》中，道护得到这部经后不久家中失火，他奋不顾身跃入火海中才将它抢了出来，为了让这部经文广为流传，道护将它送到了远在濩泽的道安手中，并嘱咐道安一定要详加研究。竺道护没有在濩泽久住，送经后没多久就离开了濩泽。《大十二门经》和《小十二门经》一样，都出自《长阿含经》，是专门论述小乘禅定之术的佛经。所谓"十二门"指的是佛教的十二种禅定，包括有色界四禅定（初禅、二禅、三禅、四禅）、无色界四禅定（空无边处定、识无边处定、无所有处定、非想非非想处定）以及慈、悲、喜、舍四无量定。这部《大十二门经》是汉代高僧安世高翻译的，道安把它和已有的《小十二门经》比较，感觉《小十二门经》很可能也是出自安世高之手。道安对《大十二门经》评价非常高，认为是他所见到的各种禅经中翻译得最好的。道安发现这部经书的末尾有"嘉禾七年在建业周司隶舍写"的字样。嘉禾（232～238）是三国时期吴国的年号，道安推算认为这部经传到中土应该已经有二百年左右了，他很感慨地说："这么好的佛经竟然藏在书箱中二百多年，默默无闻，真是可惜啊！"

道安在濩泽研究的另一部佛经《安般守意经》也是安世高所译，这部佛经和大、小《十二门经》一样也是一部专论禅定的经文，不过它并不是讲禅定境界的种类，而是讲禅定修行的业处，也就是修行时心念的作业处。安般念也就是入出息念，佛教认为通过关照呼吸这一法门来修行，可以一直从初禅达到四禅，而达到四禅定以后再通过一定的方法修习就可以拥有神通力。当然，安般念只是修习禅定的一种法门，其他的还有"十遍""不净观""白骨观"等等。据说安般念的修行是最奇妙的，佛陀平时也是修习安般念的。道安跟随佛图澄修行过禅定，对禅定与神通的关系有所了解，读了这些佛经后，又有了新的认识，他说："到达这样寂静的禅境，跺跺脚就能震动大千世界，挥挥手就能摸着日月……这都是凭借着四禅的奇妙定力才能做到啊！"

为什么修习禅定能获得这些神通呢？道安说："执寂以御有，崇本以动末，这有什么难的呢？"他觉得禅定所达到的境界是一种深深的定境，和外在的大千世界比，这种定境才是根本，外在世界只是微末，而掌握了根本的人想要改变微末的事物那是很简单的。不过，显然他这里还是用"格义"的方法，拿老、庄的思想来解释佛教的禅定，其实是不恰当的。

道安通过研究这些经文，对小乘有部的禅修思想有了深入的了解，不过他也因为缺少指导，产生了不小的误解。他曾感慨地说："在中土因为没有沙门修行禅观，虽然学佛的人很多，却没有达到漏尽的圣人。"

小乘修行有四果（初果、二果、三果、四果），都是"不退转"的果位，但只有四果的罗汉果位才彻底解脱了一切苦恼，清除了一切无明，这被称为"诸漏尽"，所谓"漏"就是烦恼。按照小乘佛教的说法，禅修有止禅与观禅两种，止禅修心，属于增上定学，只是解脱的基础，单纯修定是无法解脱的，要解脱必须修观才行，因为观禅才属于增上慧学，是佛教求解脱的不共外道法。虽然道安在感叹中用的是"禅观"一词，但从他的《小十二门经》序文认为修习十二门禅定可以获得"漏尽"，到达"不退转"等说法看，他显然并没有分清楚止禅与观禅的区别。这种误解对中土的佛教修行产生的不良影响还是不小的。

道安除了为上述三部佛经作了注解，他在濩泽还认真钻研了《道地经》与《阴持入经》，这两部佛经也都是安世高翻译的。

道安对《道地经》的研读、注解是和竺僧辅、支昙讲一起完成的。竺僧辅是道安的师兄弟，是邺城人，从少年出家就精于持戒，立志苦学，精通经论。石虎死后，邺城大乱，他开始没有和道安一道撤离，而是独自游学他方，后来听说道安率僧团在濩泽立寺，便不远千里，冒着四处战乱的危险一路赶来。支昙讲是从雁门（今山西代县）慕名而来的一位沙门。《道地经》也是一部修习禅定的佛经，道安对它的评价也很高，说依照它修行可以"成就罗汉果，达到升仙境界"。道安这样讲说明他还不能很好地区别佛教和道家、道教修行的差异。

《阴持入经》不全，只是一部残经，它属于说一切有部的"毗昙学"。所谓"阴"，在这里指"五阴"，也就是五蕴（色蕴、受蕴、想蕴、行蕴、识蕴），佛教认为人就是由五蕴构成的，五蕴皆苦。所谓"入"，就是十二处，是指六根（眼、耳、鼻、舌、身、意）加上六尘（色、声、香、味、触、法）。所谓"持"，指的是十八界，就是十二处再加上六识（眼识、耳识、鼻识、舌识、身识、意识）。毗昙学通过对名法（精神现象）、色法（物质现象）等概念法进行详尽的分析、分解，从而达到对"我见""我执"的破除，也就是达到对有一个"我"的那种邪见（佛教对错误见解的称呼）的破除。毗昙学本来就很难懂，而《阴持入经》又残缺不全，所以道安在研读的时候碰到了很多困难，他邀请支昙讲和竺法济一起研究。

竺法济是当时著名僧人竺法替的高徒，竺法替在永嘉之乱后就到江东避难去了，在东晋那边是非常有名的。竺法济因为种种原因没有跟随他的师父到江东，一直留在北方，后来听说道安在濩泽，就远道跋涉，冒着盗寇战乱的危险前来加入了道安的僧团。道安曾经这样描述他们一起研究《阴持入经》的情况："这两位学者，可以说是诲人不倦。于是就和他们一起分析解决佛经疑难，撰写了这部注解。"

道安对《阴持入经》的评价很高，说如果按照这部经修行，一定能成就阿罗汉果，还称赞这部经是"大乘的舟楫，涅槃的道路"。其实，《阴持入经》是小乘有部的经典，道安这样说也是一种误解，说明那个时候即便像道安这样佛学修养很高的僧人对小乘和大乘的区分也不是很明白。

道安在濩泽所研读注解的主要是一些小乘有部的佛经，他在注解这些佛经的时候还是没有跳出在邺宫寺就开始使用的"格义"路子，也深刻地感到了用这种方法的弊病，因为在理解上他越来越感到一种格格不入的障碍。当然，读经的困难也使得道安常常想起他的终身依止师父佛图澄，他在《道地经序》中感慨地说："先师已经不在了，又没有遇到新的高僧，没有师父指点，真是进退维谷，狼狈不堪，禁不住嗟叹流泪啊！我写这篇序文，申述自己的一片赤诚，希望师父能借助神通，看到我期盼的样子，一定要枉驾来一趟，帮弟子指出错误、补正阙漏啊！"

是啊！学佛需要老师，需要善知识啊！这个时候的道安更加深深地感受到一个人独自探求佛法的艰难，预感到日后弘法道路的艰辛。

飞龙山会法友

在濩泽立寺传法后，道安曾收到消息，在北方的飞龙山一带也有沙门在那里立寺传法，颇有声名，这让道安非常高兴。飞龙山（今石家庄西南获鹿、元氏之间），也叫封龙山，西晋时属冀州常山郡井陉县，这里离道安的老家扶柳（今河北正定南）很近，他很想前往结识那里的法友，共研佛法。只是整个北方自冉闵称帝后，掀起了一波接一波的反羯战争，几乎"无月不战"，中土的羯胡几乎被屠杀殆尽，汉人也多家破人亡，颠沛流离。这种民族间的大仇杀，让在濩泽潜修的道安无时不感到震撼、悲哀与无奈，娑婆世界充满了苦难，只有用佛法的智慧才能化解……

前燕元玺元年（352，东晋永和八年），鲜卑族慕容氏逐鹿中原，他们凭借着部落刚刚兴起的强盛势头，迅速击溃了与羯胡交战已久、早已疲敝的冉闵兵众，很快占领了黄河以北。

元玺元年年底，北方战事消歇，局势已基本稳定，道安决定前往飞龙山。因为道安在濩泽立寺传法已颇具规模，这次出游他与竺法汰等只是带领着部分僧众离开的。竺法汰是东莞（今山东莒县）人，也是道安的师兄弟，自佛图澄去世以后，他基本上一直跟随在道安左右。

飞龙山属于太行山脉，濩泽在太行山脉南端西方，所以道安这一次远赴飞龙山所走的路线和当年从牵口山南移的部分路线大致是一样的，他们顺着太行山脉一路向东北方进发。

当道安一行来到飞龙山时，只见那里的山势就像一条伏卧着伺机要飞起来的龙一般，山峰层层错列，林木繁盛，环境幽静，真是一个隐居潜修的好地方！道安有些感慨，他虽生长在常山郡，却不曾到此游历。让他更加惊喜的是，当他们到了飞龙山的寺庙后，发现原来在这里传法的沙门竟然是故人。一位是僧先，他是道安少年时外出相遇而结识的好友，另一位竺道护也是故友，之前曾冒险到濩泽赠送《大十二门经》。

能在飞龙山见到僧先让道安异常激动，他们是同乡，自幼相识，又都从小立志弘法，并且相互约定，等长大以后一定不要忘记对方，自上次一别，如今已经二十多年过去了。他们相识的时候都还是未受戒的小沙弥呢，道安真的没想到能在此重逢。故人重逢，免不了一番长谈叙旧。

僧先是冀州人，是常山渊公的弟子，他从小性情纯正质朴，有气节，受戒后更是对自己要求严格，精进苦修，不但熟读佛经，也精通外学经典。他一直没有离开常山，后来碰到石氏之乱，便就近到飞龙山潜修。

道安在濩泽立寺传法的事，僧先也有所耳闻，得知道安在濩泽和法友们不但研读经典，还开始了自己着手注释经典的工作，非常高兴。他想到自己近来在阅读《道行经》的时候，有很多难以理清的地方，就将经文取来，并找来道安、竺道护、竺法汰，相商一起重新研读这部佛经，并进行注释。

《道行经》属于般若部，它是传入中土比较早的一部大乘佛经。在汉灵帝的时候，由天竺沙门竺佛朔在洛阳译出，讲的是怎样修行、积累般若波罗蜜。"般若"的意思就是智慧，在佛教中是指与世俗的一般聪明相对的出世间的大智慧。"波罗蜜"的意思是到达彼岸，也就是佛教讲的"度"，指彻底解脱烦恼，达到涅槃的境界，所以般若波罗蜜，也被中土人称作"智度"。大乘佛教有"六度"（布施、持戒、忍辱、精进、禅定、智慧）之说，"智度"是其中之一。《道行经》在东晋非常受欢迎，因为它所讲的般若性空思想和当时风靡江东的玄学有很多可以比类附会的地方，和道安同时代的东晋名僧支道林（314~366）就以善讲《道行经》闻名，晋哀帝即位后（361~365 在位），曾专门请支道林住东安寺，开讲《般若道行经》。支道林著《道行旨归》，住东安寺开讲《道行经》都在晚年，但他在少年时代就开始研读这部佛经了。道安与僧先等人研读这部经是在 353 年前后，可见北方开始重视这部经比江东要晚得多。

在研读注释《道行经》的过程中，道安和僧先、竺法汰在注释原则上产生了分歧。那时读佛经最常使用的方法还是"格义"，这种方法是由竺法雅、康法朗等最早倡议而流行起来的，道安在邺宫寺时就对它很熟悉了。他潜修濩泽研读佛经的时候也主要用这种方法，但也正是在濩泽潜心研读、注释佛经这段时间，他越来越感觉到"格义"的弊端，因为佛经所讲与外学所论在根本上并不是一回事，如果盲目比附很容易导致误解。他觉得，研读佛经，如果只一味地盯着文字、语句通过"格义"寻求义理，那种理解是表面的、肤浅的，会丧失佛经所蕴含的旨趣，只有在融会贯通、整体把握的基础上才能领会佛经的深刻义理。

所以，这次研读《道行经》，道安向法友们提出了自己的新想法，希望有所变革，他说："以前用'格义'的方法解释佛经，很多都是不符合佛教义理的，我们应该改变这种方法。"僧先听道安这样说，非常不赞同，他说："我们应该遵守传统，慢慢分析领会，怎么能随便批评先贤们呢！"竺法汰很赞同僧先的说法，可道安不这样认为，他反驳说："发扬阐明佛教义理，应该以正确恰当为标准，弘扬佛法是每个出家人的责任，应该当仁不让于师，怎么可以讲先辈、后辈呢？"

这次因研读佛法而起的争议非常激烈，但他们谁也不能说服对方，未能达成共识。在道安坚持自己的意见的情况下，僧先觉得自己不能再在飞龙山待下去了，他想先离开，到南方游学一段时间。竺道护看到法友们为了读经的问题争执不已，觉得徒然争论对解决问题没有什么意义，就提出了自己的想法，他说："我们沙门远离世俗生活，经常想要匡正流传错误的佛法，但即便佛法修为非常高，只是深藏山门，佛法也得不到传扬啊，我们应该各尽自己的能力，去努力弘法，报答佛恩才对！"

道安等人听了都很赞同，便分头计划出游弘法的事。僧先原本有意离开，就提出南游晋土，弘法宣教，他希望道安留在飞龙山将《道地经》的注释工作完成。道安听后觉得很难过，没想到自己来到了飞龙山，反而让好友离开了，于是他便让竺法汰陪同僧先南下弘法。后来，道安在恒山立寺，竺法汰又回到了道安身边，而僧先则在外弘法期间因病去世了。

道安在飞龙山按自己的想法完成了对《道地经》的注解，这是他第一次尝试摆脱传统的"格义"的窠臼。道安反对用"格义"的方法研读佛经有很重大的意义，正如方广锠先生评价的："道安是中国佛教史上发现并提出格义'于理有违'这一问题的第一人。"道安的努力有很大的成效，这从他在《道地经序》中对这部佛经的评价方式上可以看出。他说："执道御有，卑高自差，此有为之域耳……据真如，游法性，冥然无名者，智度之奥室也。"这是说用"道"来统御"有"，高低差等自然可见，但这只是"有为"的领域罢了。以真如为依靠，游于法性的领域，冥然沉寂而无名，那才是通过智慧到达彼岸的根本。道安这里所谓"执道御有""有为"等仍是借用了道家的常用概念，"据真如，游法性"又很像是儒家所讲的"志于道，据于德，依于仁，游于艺"，但他使用的"真如""法性""智度"都是真正的佛教术语，说明他对佛教义理的领会有了突破性的进步。

当道安完成对《道地经》的研读后，他想起了竺道护的那番激励大家四处传法的话来，是啊，佛法水平再高，只是藏在深山寺门内不能救度众生又有什么用呢？于是他在游历了一番龙首、熊耳、华盖那些风景美妙的山峰后，便也率僧众离开了飞龙山。这次，他的目标是太行恒山，他想在北方的大地上建立更多传法的僧团。

恒山立寺弘法

前燕元玺二年（353，东晋永和九年）春夏之交，道安带领着僧众到达太行恒山（古北岳恒山位于今河北唐县大茂山，并不是山西浑源恒山）。恒山雄伟奇险，顶峰常有皑皑积雪，山间树木郁郁葱葱，流水潺潺，登高远望，层峦叠嶂，云海茫茫，至今仍有俗谚说："神仙山四十里，山顶有一米，一天滚一寸，几年滚到底。"自汉代以来，这里便是历代帝王祭祀五岳的必到之地，在五岳中号称北岳。

道安来到恒山以后，便择址和弟子们一起创立了寺塔，弘赞佛法，随缘教化。道安是佛图澄的高徒，早有声名，自他在恒山立寺弘化，更是声名鹊起，没多久，僧、俗各路人士慕名而来。当地一些信仰佛法的大户给了道安大力的支持，加之远近信众的布施，道安在恒山建立的寺院多次扩建，其僧团队伍更是日益壮大，远远超过了在濩泽的规模，人数多达五百余人。恒山很快就成了北方弘扬佛教的中心。道安也成为北方僧众心目中的弘法大师、僧团领袖。据说在当时前来拜道安为师的沙门非常多，人数差不多占到黄河以北出家僧众的半数。

道安在恒山所收的众多弟子中，最让他感到骄傲的是慧远。

慧远（334~416），俗姓贾，是雁门娄烦（今山西崞县东）

人，自幼好学，聪明异于常人，十三岁的时候曾跟随他的舅舅在许昌、洛阳一带游学。慧远因为聪慧过人，很早便熟读儒家六经及诸子经典，他最喜欢读的书是《老子》《庄子》。慧远性情宽容而有气量，聪颖超群，又见识广博，所以，很多年高而有学问的贤达人士对他的学识、为人都很佩服。

东晋永和十年（354），二十一岁的慧远本打算游学江东，前去寻找著名的隐士范宣子，但石虎死后北方一直战乱频仍，加上东晋几次北伐，南下的路被阻，没能去成。当时道安在恒山立寺弘法，声名远扬，慧远也早有耳闻，于是就转而向北，到恒山拜见道安。第一次见面，慧远就被道安的涵养与风采所折服，感慨地说："这个人真是我的师父啊！"但在当时，慧远还没有想到要出家，只是以一个俗家人的身份住在寺里，每天读读书，偶尔也听听寺里讲经说法，或者出寺游玩，流连于恒山的美景。

后来，道安在恒山寺中开讲《般若经》，宣扬大乘般若性空的佛法义理，这让慧远这个一向很少深涉佛经的小伙子豁然开悟。他原本对儒、道两家学问非常精通，自以为对天地间的道理早已了然于胸，可等他听了道安所讲的般若性空的大乘佛法后，却突然感到原来自己那么浅薄无知。他感叹地说："儒、道、名、法、阴阳等各家学问，不过是些糠秕罢了！"于是便带着他十八岁的弟弟慧持一起拜道安为师，在恒山落发出家了。这一年道安法师四十三岁。

慧远出家以后便表现出与众不同的高远志向，他很想整顿佛法纲维，常以弘扬佛法为己任，研读、讽诵佛经异常勤奋，常常夜以继日。慧远和弟弟慧持远道跋涉而来，没有带多少盘缠，有时候穷得连衣服都没得穿，但他们仍然修行精进，从不懈怠。道安的弟子昙翼看到这两位精进学法的兄弟有困难，就经常资助他们一些灯烛费用。道安法师听说了，很高兴地说："昙翼真是善解人意啊！"对一个勤奋精进的人来说，他最缺的就是时间，慧远当然希望有更多的时间去读经，有了灯烛，晚上自然就可以多读点佛经了，道安法师当然知道这些，所以他才那么说。慧远本来就才智超群，出家前就精通儒、道等外学，在夜以继日的努力下，他很快就从一个佛法的门外汉，成为一个对佛法颇有见地的沙门了。很多人对此不解，觉得仿佛有神灵在帮助他，但道安法师一点也不觉得奇怪，他知道一切皆有因果，他在慧远的身上仿佛看到了自己当年的影子，故常常感叹："佛法大道要在中土广为流传，大概就要靠慧远了！"

道安法师对弟子慧远的殷殷期许当然没有落空，后来，慧远在庐山立寺弘法，创立净土宗，广收门徒，成为一代宗师，对中土的佛教事业产生了深远的影响。

道安法师在恒山立寺以来，一直忙于弘法事业。他坚持讲经说法，无论对僧众还是对俗家信众都随缘教化，每天忙碌劳累，却乐得其所，从不觉得辛苦，就连恒山的美景都很少有机会欣赏，更不用说下山去了。每当有达官贵人慕名派人邀请道安前去讲法，他都会婉言谢绝，因为他觉得那些人大多不过为了虚名，很少是真的因为希求佛法才来请他，而恒山这里每天都有很多普通百姓前来礼佛、拜佛，听他讲经说法，他们才是真的有心人啊！那些邀请者大多来请上一两次，见不能成功，也就不再相邀了。

可是有一个人却很特别，他就是当时的武邑（今河北武邑）太守卢歆。他听说道安法师清秀脱俗，佛法高深，非常倾慕，也想请道安法师前去讲法，但他没有派自己的手下，而是专门请了一个叫敏见的沙门前去相请。道安法师虽然一再谢绝，可没想到这个敏见非常执着，在恒山寺中住了下来，日日苦求，这让道安法师一时不知该怎么办了。

一日清晨，道安法师正在琢磨该怎么劝解那位叫敏见的同道，竺法汰走了进来。竺法汰曾奉道安法师之命随僧先南游晋土，后来听说道安在恒山立寺，又回到了道安法师的身边。竺法汰这几日已注意到道安正为武邑太守相邀之事而烦恼，这才来见道安，他对道安法师说：

"师兄此次不妨前去，或许会别有所获。"

"师弟何出此言？"道安法师有些不解。

竺法汰说："前次我南游回归途中多有见闻，前燕倾慕中原文化，对汉人不像石氏那样残暴，颇受汉人拥戴。"

"师弟是想……"

"是啊，也该回去拜祭一下师父了。"

早课诵经过后，那个敏见又跑来纠缠道安法师："大师！大师！那位卢太守真是一位笃信佛法的居士啊！他不是为了自己，是为了武邑百姓啊！"可这次让敏见没想到的是道安法师并没有拒绝，而是同意了。武邑在常山郡东，那里离恒山有些远，已是前燕统治的腹地，不过，道安法师此次前去一方面可以了却敏见同道的一桩心事，一方面正可以了解民情，探看虚实。

道安法师和竺法汰一行僧众跟随沙门敏见来到了武邑。听说恒山道安法师前来讲法，武邑周围的僧众及俗家信众纷纷慕名前来。道安法师的讲法受到了僧俗所有听众的欢迎，听法的人都夸赞他是一位名副其实的高僧。

这一年是前燕元玺四年（355，东晋永和十一年），道安法师和竺法汰一路走来，看到百姓们安居乐业，气象与以前大不相同，心中很是欣慰，他又有了新的计划。

邺城受都寺弘法

前燕元玺五年春，道安法师决定回邺城弘法，一则可以拜祭师父，二则可视机缘再建立新的弘法僧团。于是在竺法汰的陪同下，道安法师带着慧远等一行僧众离开了恒山，悄悄回到了他阔别已久的邺城。

道安法师与竺法汰一起到师父佛图澄的墓前拜祭了一番，两个人都很感叹，从后赵永宁元年（350，东晋永和六年）他们带领邺宫寺的僧众逃离到这次他们再回邺城已经六年了。他们都非常怀念师父佛图澄，也非常怀念和师兄弟们在邺宫寺修行的那些时光。然而，邺宫寺早已风光不再，多年的战乱给他们留下的只是些断壁残垣、碎瓦青苔，在夕阳残照下更是让人备觉凄凉。

邺城的寺庙很多，大多都是大和上佛图澄弘法时石氏所建，不过现在大多已经不像以前那般繁盛了。道安一行僧众最后来到了城郊的受都寺。这是一个不大的寺庙，废弃已久，好在房屋还完好，没有什么损坏，道安他们收拾一番便住下了。

道安法师回邺城弘法的消息不胫而走，很快，受都寺吸引了不少前来投师的沙门，其中有些以前还是邺宫寺出家的沙弥，如今也都已经长大成人，可以受具戒了。道安法师在受都寺建立僧团后，制定了寺规，每日为弟子们讲经、诵经，生活艰难的时候，也带弟子们入城行脚乞食，虽然清贫，日子倒也过得清净自在。有时候，他想起邺城原本是后赵的都城，曾经何其繁华，然而石氏之乱，冀州饥荒，这里甚至发生了人吃人的悲惨事情，如今也还是这般萧索，便顿感世间事事无常。

不过，让道安法师没有想到的是，第二年，也就是前燕元玺六年（东晋升平元年，357），前燕大举迁都邺城了。寺中的很多弟子为此而高兴，因为邺城又要繁华了，在这里出家修行不会再像以往那样辛苦了，他们知道那些贵族信众施舍通常很慷慨。然而，这时的道安却有些不祥之感，他并不想离政治权力的中心太近，当年他率领大和上所建僧团部众逃离华林园的景象还历历在目。

自慕容儁从蓟城迁都到此后，大赦境内，缮修宫殿，邺城又繁盛起来。慕容氏家族不但一向倾慕中原汉文化，对佛教也崇信已久。东晋永和元年（345，后赵建武十一年），慕容皝因黑龙、白龙出现于龙山，就曾在龙山立龙翔佛寺以求福佑。迁都邺城后，前燕贵族们久闻道安大名，对受都寺多加扶持，信众日益增多，僧团队伍迅速发展，很快达到数百人，小小的寺庙也不得不一再扩建，寺里的僧团事务也开始多起来。一日，道安法师招慧远前来，对他说："慧远，日后寺里讲经的事情就交给你了。"慧远有些犹豫，说："师父，弟子刚刚受业三年……""不必担心。当年大和上让为师做复讲，为师二十五岁，入师门还不到一年呢。"道安法师知道慧远并不是担心自己的能力，便告诉他弘扬佛法不能讲论资历。

慧远从此便在受都寺代替师父道安法师宣讲大乘般若学。慧远谈吐优雅，又熟读经论，很快便赢得了前来听法的僧众与俗家信众的信任与欢迎。

一次，一个听法的访客听完慧远所讲的《般若经》，对所谓"实相"不能理解，便向慧远发问。大乘佛法将一切诸法之真实相状称为"诸法实相"，也就是"最后而究竟者""本然之真实"，有时也称"真如""法性"等等，大乘般若学对"实相"的揭示多强调诸法的"空性"，也即诸法性空之义。

"实相"这一概念，在佛教而言，一般认为很难用言语来描述清楚。这个客人是个机敏的辩才，他与慧远反复辩论，屡屡发难，过了很长时间，慧远都没能让他服输，而其他听法的人也都越来越迷惑，于是慧远便援引《庄子》中的典故，详加辩析开解，众人听后立刻明白了，那个访客也大为折服。

慧远虽然赢得了讲法辩论，但心中有些不安，因为他的师父自飞龙山注《道行经》以后就放弃了"格义"读经法。为了不让弟子们因为盲目比附外学而误解佛经义理，道安早已在僧团中立下规矩，不允许弟子们私自阅读外学书籍。当晚，慧远到师父道安法师那里讲了白天讲经辩论中援引《庄子》的事情，道安法师听后略有所思，然后说："为师立下这个规矩，只是怕对学习佛法造成障碍而已。为师在这方面是有教训的，不过，听你所讲倒也有些道理，如果能不背离佛法义理，援引外学讲解也是可以的。"自此以后，道安法师便特别允许慧远阅读外学经典了。

道安法师在受都寺平静地度过了四年弘法的时光，让他担心的事情终于还是来了。慕容儁早有图谋讨伐前秦、东晋之心，自前燕光寿二年（358，东晋升平二年）十二月就下令全国大征兵，每户只留一个男丁，各郡县苦不堪言，怨声载道，到光寿三年年底，邺城已经集结了从全国陆续征调的兵卒一百多万人。

一天，竺法汰从外面回来，对道安法师说："师兄，听说前些天燕主慕容儁因为梦见石季龙（石虎）咬自己的胳膊，命人掘了他的墓，剖开棺材弄出尸体，又是数落他的罪行，又是鞭尸，然后扔到漳水河去了。季龙活着的时候残暴无常，死了都不得安宁，真是大恶报啊！"道安法师听后，说："死者已死。梦由心生，也多有预兆，慕容氏的天下怕是保不住了，这天下又要乱了。"

　　道安法师有了上一次逃离邺城的教训，他不想再次被困，于是决定在乱象尚未出现之前就远离这块是非之地。他作了一番周密的安排，只待时机到来。前燕光寿四年正月，燕主慕容儁在邺城大阅兵，突然重病。道安在竺法汰、慧远的帮助下，趁机率领着他的僧团队伍陆续撤离了邺都，直奔王屋、女休山的濩泽而去。

　　不久，慕容儁去世，其子慕容暐即位，前燕朝廷发生内乱，慕舆根因谋上叛逆被杀。道安潜修的濩泽一带也不再平静。前燕建熙二年（361，东晋升平五年），驻守野王（今河南沁阳市）的前燕河内太守吕护投降了东晋，引来慕容恪数万大军将野王层层包围，长达三个多月。河内离王屋、女休山一带非常近，这种残酷的交战让道安法师感到濩泽也不是久留之地，他决定带领僧众们再次转移。这次道安法师在弟子慧远的建议下决定渡黄河南下。慧远少年时曾游学许昌、洛阳，他知道洛阳西南有一个熊耳山，地处伊水、洛水之间，是个潜修的好去处，那里地处东晋领地，或许会安定些。

第4章

襄阳弘法十五年

新野分遣众徒

渡河以后，道安法师率僧团在熊耳山南麓的陆浑（今河南嵩县东北）一带安顿了下来。但这里并不像想象中的那么好，时局动荡难测，很多迹象表明前燕有心向南扩张。前燕建熙三年（362，东晋隆和元年），投降前燕的吕护又领兵攻打洛阳。建熙四年，前燕慕容忠攻打荥阳，东晋失守荥阳。在此期间，在陆浑潜修的道安僧团生活是很艰难的。到陆浑不久，出于安全的考虑，道安法师决定带领僧众们隐藏山林草野，苦修度日。他们主要靠采摘山中野果维生，不过，他们也并没有懈怠，仍然坚持研读佛法，持戒修行。

建熙五年，前燕终于开始大举进攻黄河以南，七月慕容恪率兵攻打洛阳，第二年三月，攻克洛阳，直逼陆浑。这时候道安认为僧团已经别无选择，只能继续南下避难了。僧团中的弟子们大多是北方人，并不想远离家乡，道安以弘法事业鼓励、劝慰大家，才让弟子们坚定了信念。于是道安法师带领僧团一路南下。

在南下的途中，因为僧众们一路疲劳，不少人生了病，道安便率众人在南阳暂作休整。在此期间，他收到了东晋襄阳（今湖北襄阳）名士习凿齿的来信，信上说："大师志行高洁，聪明睿智，慈悲教化众生，僧俗都受到佛法的庇佑……弟子听说，上天不需一个早晨就可以用雨水润泽天下，靠的是弥天之云……佛教大法传到东土已经四百多年了，虽然藩王贵族以及佛教居士们常有信奉的，佛法奥义前代也有所流传，但佛法传播这么久以来，世俗众生并没有真的全都领悟，那些欣欣然若有所悟、滔滔不绝的人不过是些才性较差的人……自从大师弘扬佛法，扬名天下，无人能与您匹敌。您以弘法为己任，德惠流布四方，这里的僧众们早就对您钦慕不已，盼望已久。哪怕您能短暂前来襄阳讲法，那也是降甘露于丰草，如来佛法必将再次得到崇尚，而您的玄谈妙说也必将影响深远……弟子襄阳习凿齿敬礼和南。"

习凿齿这封信写于东晋兴宁三年（365）四月五日，正是道安僧团开始南下不久，也许他是得到了道安法师南下的消息，所以立刻写信热情邀请道安法师前去。这对道安法师也是个好消息，他知道东晋士人一向崇信佛教，特别重视大乘般若学，常常拿佛学作玄学清谈之资，习凿齿的信印证了这些传闻。他觉得这次南下弘法，虽然也是应急避难，但现在看来也未尝不是中土佛法传播的因缘，他希望能率领弟子们将他的新的佛法理念传播到东晋。要实现这样的弘法目的，最有效的办法当然是分头行动了，所以，道安法师决定此次南下必须分遣众徒，也就是将僧团分为几个部分，同时派遣到各地去弘法。

当僧团到达新野，道安法师决定按照他的计划分派众徒。他对僧众们说："如今碰上兵荒马乱的年代，不依靠国主，要弘扬佛法是非常艰难的，但只有佛法才能救度世人出离苦海，我们出家人应该努力让佛法广布。"

道安法师早年曾和师父佛图澄谈论过弘法要不要依靠国主的问题。据佛经记载，佛陀释迦牟尼弘法时，经常直接向那些小国的王族直接传法，令他们信奉，从而大大扩展了佛法的影响。佛图澄弘法也是通过投靠后赵石氏进行的，应该说还是卓有成效的。道安法师在历经多次避难逃亡后，大概也深刻体会到了离乱时代弘扬佛法的艰难，所以特别提出了依靠国主弘法的意见。

众人知道道安法师又有新的弘法计划，都说："一切谨遵法师的安排。"

道安安排竺法汰率部分僧众到扬州弘法，法和带领部分僧众向西入蜀，自己带领僧团大部南下襄阳。他对竺法汰说："那里的士人君子特别欣赏洒脱放逸的风度，师弟正适合去那里。"竺法汰虽然才辩比不上师兄道安，但他一表人才，风度潇洒，却不是皮肤黝黑的道安法师所能比的。道安法师知道江东士人喜好清谈、品评人物，当然派竺法汰去最合适。

他又对师弟法和说："蜀地多有谦谦君子，那里的山水正适合你去修行。"法和性情谦恭，长于礼节，又颖悟，擅长解经说法，道安法师安排他率众前往蜀地，自然也是经过深思熟虑的。

分手之时，道安法师一一和众僧道别。竺法汰和道安法师最难面对别离，自他们的师父佛图澄去世以后，竺法汰几乎一直追随在道安法师的左右，这次弘法一别，竟不知到何时才能再次相见了。竺法汰不禁忧伤流泪，他对道安法师说："法师在北方的时候就为僧众们树立了榜样，如今到南方弘法也必将有所成就，只是再次见面也许要等到我们到西方弥勒净土的时候了。"

话别之后，竺法汰便带着昙一、昙二等四十多个弟子沿江东下了。事实上，此后竺法汰一直和道安保持着一定的联系，但这一别却的确是永诀，二人从此未能再见面。道安和他的师兄弟们为了弘法事业，都不得不牺牲了个人的情感。

送别法和、竺法汰以后，道安法师便带着慧远等四百多僧众继续南下。在渡过白河以后，他们日夜兼程，加快了南下的速度，可是有一天晚上，道安一行人正赶着路，突然遇到了大雷雨，顿时电闪雷鸣，风雨交加，僧众们只好相互扶持，冒着电闪之光继续前进。正在大家盼望着能有个避雨的地方的时候，他们发现前方不远处就有一大户人家，几个弟子正要上前打招呼，谁料那户人家一见一大群人簇拥而来，竟吓得急忙关闭了大门。弟子们一时不知该怎么办，开始嘀咕起来。道安法师看到这种情况，对弟子们说："大伙不要着急！这兵荒马乱的年代，流寇太多，人家不知底细，有防范心是很平常的，为师前去叫门便是。"说着道安法师走到门前，高呼道："林百升！林百升！"

门内人一听有人喊林百升，立刻开门出来了，主人一见原来是一队僧众，连忙向道安法师道歉："实在对不住，不知道是法师到来。只是在下好像并不认识法师，不知法师怎么知道在下的名字？"

弟子们开始听师父喊主人姓名，只奇怪师父怎么会认得这家人，却不知道原来这家人也并不认得他们的师父，僧众们一时也都好奇起来。道安法师对着主人和南答礼，笑了笑说："呵呵，没什么，相识便是缘分。叨扰施主，不知可否行个方便，暂避风雨。"

林施主见道安法师跟自己并不相识，竟然能说出自己的名字，觉得他一定是一位神僧，于是立刻吩咐好好招待僧众们，并一再邀请道安法师在家中多住些日子，为他们讲讲佛法。这下，大家终于有了落脚的地方。可是弟子们怎么肯轻易放过师父呢？道安法师平日讲法经常说神通是佛法末技，不算什么，可这次的表现还是让所有弟子吃了一惊。他们都觉得师父一定有神通，就缠着他问到底是怎么回事。道安法师见推脱不下，便解释说："这不算什么神通。你们可曾看到他门内有两棵马柳，树中间还挂着一个马筐，马筐大概能装下一斛粮食吗？"弟子们纷纷说："看见了！可这有什么关系吗？"道安法师笑了笑说："两个'木'不就是'林'吗？一斛不就是'百升'吗？他不叫'林百升'叫什么啊！"

经过这次事件之后，弟子们都觉得他们的师父原来是有神通的，只不过不肯轻易外漏，于是对他更平添了一份敬意。

襄阳显"风度"

到达襄阳后，道安便带领僧团在岘山的白马寺住下了。

白马寺规模不大，但初到襄阳能有地方安顿僧众，道安已经感到非常欣慰了。长期颠沛流离的生活早已让道安法师习惯于在任何情况下都从容不迫地去做该做的事情，而僧团在他的领导下，也一向持戒清净，少有懈怠的人，所以，到襄阳没几日，道安法师便让弟子慧远和往常一样召集僧众们在寺庙中开始读经讲法了。自从有了慧远这个得力助手，道安法师有了更多的时间研读佛法，做注释佛经的工作。在研读、注释佛经的过程中有新的体会，他也经常会先讲给慧远听，并一起探讨，然后再让慧远将那些佛法经义讲授给僧众们。

襄阳属于东晋的势力区域，虽然自古以来就是兵家重地，但它现在远离北方战场，一片升平的气象。到襄阳后，僧众们不但没有觉得不适，反而处处感受到熟悉的中原文化气息。"多么安静的地方啊！"听着寺院中弟子们清爽响亮的诵经声，道安法师想到这么多年一直在奔波中，少有这么好的环境可以安心地研读佛法，于是开始勾画一个庞大的注释、整理佛经的计划……

正在道安沉思之际，突然寺中弟子通传有一位叫作习凿齿的访客前来。习凿齿，字彦威，襄阳人，是东汉襄阳侯习郁的后人，家族显赫，世代都是荆楚豪族。这次道安僧团入住白马寺也是靠他的帮助。习凿齿为人正直，在做东晋权臣桓温的部下时，他发现桓温有篡权的野心，便写了《汉晋春秋》一书，想以此裁正桓温的行为。他在书中尊蜀汉刘备为正统，以魏曹操为篡逆，认为晋司马氏虽受魏禅，也是继承了汉祚，而不是继承了曹魏。其实他这样做不过是为了告诫想要篡权的桓温罢了，不久他就辞官还乡了。当然，习凿齿不光是位史学家，也是一个机变善谈、精通玄学和佛学的江南名士。

道安来到会客厅与习凿齿相见，两人相互行礼后便坐了下来，这时习凿齿便对道安自我介绍道："四海习凿齿。"道安法师一听，便也自我介绍说："弥天释道安。"

习凿齿是江南名士，所以他以"名闻四海"自许。这在当时崇尚清谈、品评的东晋不但不能算作傲慢，反而是一种特殊的风度。道安对东晋崇尚风度一向有所了解，所以，他便借用习凿齿在邀请他前来襄阳的信中对他的夸赞之词"弥天之云"来回答了。这一问一答巧妙有趣，很快便在东晋传为清谈佳话。

道安法师到襄阳后，不仅有像习凿齿这样的襄阳名士前来拜访，就是远在江东其他地方的一些权贵士族，也有很多通过各种方式前来表示结交、慰问的。其中有一个人比较特别，他就是郗超。

郗超（336～378），字嘉宾，高平金乡（今山东）人。他是东晋开国功臣郗鉴的孙子，也是当时大书法家王羲之夫人的侄子。这个郗超自幼聪明绝伦，有旷世之才，所以个性卓荦不羁。他和父亲郗愔很不相同，郗愔信奉道教，还是一个吝啬鬼，喜欢积聚钱财，而郗超却信奉佛教，视金钱如粪土。一次郗超向他父亲要钱花，郗愔钱库有数千万，觉得儿子怎么花也花不了几个钱，就打开钱库，说："给你一天的时间，你随便用。"可郗愔没想到，郗超把钱库里的钱四处赠送发放，竟然不到一天就所剩无几了。

道安法师到襄阳时，郗超当时是大司马桓温的参军。他忙于军务无法脱身，但他一向信奉佛法，对道安倾慕已久，于是便专门派人给道安僧团送来了一千斛大米，同时还写了厚厚的一封书信让人捎给道安以表示殷切问候。可道安在回信的时候却只写了一句话："浪费这许多大米，更让人觉得'有待'是多么累赘啊！"

"有待"是《庄子》中的话，本来是指有所依靠、凭借，在道家看来，凡是有所依靠、凭借，那就是不自由的。道安法师这里用"有待"借指人的生命，人的生命要依赖粮食才能活下去，所以也是不自由的。道安法师这样说，既表达了对郗超施舍大米供养僧团的感激，又巧妙地借用玄学概念，从佛教的角度暗示了生命的意义不在于饮食，而恰恰在于超越这些有限的东西，到达涅槃的绝对自由。而他的简洁回复和郗超来信的长篇累牍相比，自然也更符合东晋人所欣赏的所谓风度了。

正因为道安法师深谙东晋士人的所谓风度，并且擅长以此折服江东士人，所以，道安法师的声名在东晋就更大了，因为那些江南名士都觉得道安不但是一个修行高深的法师，也还是一个颇有风度的人物。

当然，在东晋真正和道安法师算得上深交的还是习凿齿，他为人耿介，虽然有些名士的桀骜，却是真心想结交道安法师这个朋友的。与道安法师第一次会面，习凿齿就非常高兴，但他还是多少有些遗憾。因为初见道安时，他见道安法师又黑又丑，虽是一代高僧，可这形象却让他有些瞧不上，如今看到道安法师机变善谈、风趣幽默，倒觉得自己心里先失了恭敬，有些过意不去了。到了秋天，梨子熟了，又脆又甜，辞官在家的习凿齿又想到了道安法师，心想正好借此前去叙谈一番，于是便让人摘了十枚熟透的梨子带上，往白马寺去了。

到白马寺的时候，碰上道安法师和僧众们正在吃饭，习凿齿觉得来得正是时候，于是便将梨子献上，对道安法师说："看来在下来得正是时候，请法师慢慢享用。"道安法师笑了笑说："谢谢！不过这么好的佳果怎么能独自享用呢，还是和僧众们一起享用吧。""哎呀！真是考虑不周，只带了十枚。"习凿齿听后歉意地说。可没等习凿齿说完，道安法师便亲自剖分起来，不一会儿，十个梨子剖分完了，分传下去，在场的几百号僧人竟然人人有份，谁也不多，谁也不少。道安法师长期与僧众们共患难，一起生活，一向平等待人，从不允许为自己提供特别的照顾，这在他早已很平常，却让前来探望的习凿齿大为感动。

习凿齿回到家中，回想起白天道安法师分梨的事情，非常感慨。他觉得与江东那些天天高谈阔论、卖弄玄虚的所谓名流相比，道安法师才是一位真正名副其实的有修行的高僧，这样的人东晋应该充分重视，不然那就是东晋的损失了。于是，习齿盘算着应该想办法向朝廷推荐道安法师，可是如今东晋依然是权臣桓温的天下，此人在习凿齿看来不过是个天天想篡位的贰臣贼子，又怎么可以信得过？而那个郗超虽然笃信佛法，却一直和桓温勾结在一起，也让习凿齿看不上眼。这个时候，习凿齿突然想到了谢安，此人虽然也在桓温幕下，可他却绝不是郗超之流。习凿齿记得有一次曾在谢安家做客，谢安对他毫无门阀士族的架子，可碰巧也到谢安家去的王献之却嫌习凿齿出身寒门，不肯与他坐在一起。习凿齿觉得谢安仁厚雅量，胸襟广大，终将有一飞冲天的时候，也许应该向他推荐道安法师，于是便研墨提笔，修书一封……

大破“心无义”

道安法师到襄阳不久，便传来消息说，竺法汰在沿江东下到达阳口的时候病了。镇守荆州的桓温听说此事后，便派使者前去邀请，并将他接到了荆州，又派专人煎熬汤药照料。听到竺法汰生病的消息，道安法师很担心，虽然他知道桓温派有专人照顾，还是放心不下，便让慧远前去探望。

一晚，道安法师独自一人在屋子里正在琢磨荆州佛教界流传的“心无义”。他听说在荆州讲“心无义”的沙门道恒颇有辩才，这种邪说如果继续流传必将害人不浅。如今慧远赴荆州已经有一个多月了，也不知道是不是碰到了这个道恒，又不知竺法汰的病情怎么样了。

道安法师正想着，慧远已经从荆州赶回来了，只见他面有喜色，上前来向师父请安。道安法师见状，知道有可喜的事情，便问：“你竺法汰师叔的病一定好了吧？”“好了！好了！”

慧远连忙回答。"来，慢慢跟为师讲。"道安法师一面说，一面引弟子慧远在自己对面坐下来。

慧远坐下后，便向道安讲述了他此次前往荆州的事情。东晋荆州治所在江陵，地处襄阳南，距离不是很远。那日慧远领了师父道安的法旨，便一路南下去了。慧远的到来令竺法汰感动万分，他没想到自己的病情让道安法师那么挂念。

过了几日，竺法汰的病情大大好转。竺法汰见自己的身体已无大碍，便想前去拜访桓温大司马，这次前来荆州养病多蒙他的关照，一直还未能前去拜会。于是，竺法汰便在慧远等人的陪同下前往桓温的府邸拜谒。

到了桓府，通传过后，桓府的管事下人回话说："我们家大司马说，他很高兴法师前来，不过为了和法师畅谈一番，还请法师先等大司马和其他客人们叙谈完。"

弟子们都为大司马特别看重他们的师父而高兴，可没过多久，竺法汰却对管事下人说："请通告大司马，山僧风痰忽然发作，不能长谈，只好下次再来拜访了。"

说完，他便让弟子们扶上轿子，穿过厢廊向外走去。弟子们正心中嘀咕，师父为什么好好的，突然说什么风痰发作。这时候，突然听到后面传来一阵高喊声："法师请留步！"原来是桓大司马亲自出来拦轿子了。

听到这里，道安法师呵呵笑了："你法汰师叔此次必将大受欢迎。"

"是啊！那桓大司马与师叔会面，见师叔身材魁伟，风度翩翩，谈吐高雅不凡，立时就大为赞赏啊！"慧远说道。

"嗯。不过我不是说你师叔这次会面会成功，而是说他到江东也必将大获那些士族才俊的赏识，因为他的确非常了解那些江东名士的脾气。"

"哦！原来法汰师叔那么说只是故意托词。"慧远突然明白了，"原来那日桓温说为了长谈要法汰师叔等，师叔又假称风痰发作，都不过是故作简慢、清高罢了。"想到这里，慧远觉得江东那般所谓名士有时候还真够惺惺作态的，多亏法汰师叔法眼灼灼啊，日后和所谓江东名士打交道还真够麻烦的。

"慧远，此次前往荆州，你可曾碰到那个大讲'心无义'的道恒?"道安法师接着问道。

听到师父问这个，慧远不觉喜上眉头。他对道安法师笑了笑说："师父！这次在荆州弟子已替师父大破'心无义'，那道恒从此怕再不敢讲论此等邪见了。"

"哦！太好了!"道安法师听慧远这么说，连忙让他讲讲当日情形。

慧远前往荆州时曾向道安问起过，此去除了问候竺法汰师叔，还有没有其他要嘱咐的事情。道安便说："听说荆州盛行'心无义'，此论是外道邪说，绝非如来说教，如有机缘，却要破解它的荒谬。"令慧远没想到的是，竺法汰师叔的病情刚刚见好不久，就碰到沙门道恒开坛讲法，大谈"心无义"。竺法汰说："'心无义'是沙门支愍度创立的，听说很久了，没想到在荆州这么盛行，但此论不合佛说，必须破了这种外道邪说才行。"

竺法汰和道安对"心无义"的态度如出一辙，都认为此论不符合大乘般若学的佛法说教，为什么呢？支愍度的"心无义"认为，佛经所讲的"色无"（也就是一般说的"色空"）不是说外在的"色"（物质现象界）是空的，而是说只要你的内心不执着于外物，那么就达到对"空"的认识了，也就是说"心无义"并不否认外在现象界的实有。道安僧团在长期研读大乘般若学的过程中，对"空"的认识和这种"心无义"是根本不同的，他们主张的"本无"，在佛教历史上被称为"本无宗"。

道安法师曾写过《本无论》，认为："大乘佛法一再讲'五阴（五蕴）本无'，'本无'的说法是由来已久的，为什么说'本无'呢？因为万物都是自然而然地产生的，并没有一个造物者，'无'是先于万物创生的，万物成形之前只是'空'，所以说是'本无'，但这样讲，并不是说万物是从一个虚空的'无'中产生出来的。所以，崇本息末就是要认识到万物'本无'的空性，那样才能豁然不受外物的烦累。"

在今天看来，道安的《本无论》当然也没有能达到对大乘般若性空的圆融解说，因为他没能真正跳出玄学的束缚，还是在借用老、庄思想中的"本无"来谈佛教的"性空"。更重要的是他没能摆脱玄学"本无"思想的宇宙论内容，从发生学的角度去谈本体论的"性空"是不合适的。不过，道安在这里已经看到了佛教讲的诸法性空并不是说万物是从虚空中产生出来的，所以他反对从"有"生于"无"的玄学立场谈"本无"，说明他的确已经认识到般若性空是指一切诸法的本性而言。所以后来隋代吉藏在《中论疏》中评价道安法师的《本无论》说："安公所讲的'本无'，就是说'一切诸法本性空寂'，所以叫'本无'。"

说到这里，我们就不难理解为什么道安和竺法汰会反对"心无义"了。因为"心无义"既没有看到色法（外在物质现象世界）的空性，也没有看到名法（人的精神现象）的空性，他们并没有达到对"空"的真正认识，而只是达到了一种心理上的自我欺骗与满足罢了。

兴宁三年（365）深秋，一个天高气爽的日子，在竺法汰的召集邀请下，荆州召开了一场盛大的法会。竺法汰当然专门邀请了沙门道恒前来，他想借此法会彻底地破除"心无义"这种邪说。

法会开始了，只见道恒手持麈（zhǔ）尾走上了辩论席。麈尾是用一种鹿的尾巴做的拂尘，东晋时清谈必执麈尾，也算是当时士人名流的一种雅器吧。那道恒傲气十足，环视着僧俗众人，一副清谈领袖的样子，他的一拨弟子也在座下为他们的师父助阵。道恒赞同支愍度的"心无义"，一直在荆州宣讲，他辩才很高，所以在荆州一带也笼络了不少信徒。

为了一举攻破"心无义"，竺法汰派出了自己最得意的弟子昙一。昙一博通佛法经义，又精通《老子》《周易》等外学，在当时弟子辈中和慧远是齐名的。昙一上场根据佛经义理旁征博引，跟那个道恒辩驳起来。虽然昙一所讲处处以佛经为据，对道恒屡屡发难，谁知那个道恒还真是个辩论高手，只见他时时挥动麈尾，口若悬河，虽然满嘴的歪理邪说，却一点不肯认输。两个人从上午一直辩论到中午，又从中午一直辩论到太阳西下，也没有分出个输赢。在场的人们都被这场激烈的辩论法会吸引住了，大家相邀第二天继续辩论，一定要分出个输赢才行。

回到住处，大家都感到有些疲惫，昙一尤其感到郁闷，觉得未能替师父驳倒那个道恒有些惭愧。但竺法汰并没有怪他，因为他觉得是自己低估了那个道恒的辩才。竺法汰对慧远说："慧远，那个道恒对昙一的驳难已经熟悉了，明日昙一再上只怕也难分胜负，不知你可愿意上场一辩？"

白日里慧远坐在那里早有些按捺不住了，本来就想主动请缨，听竺法汰师叔这样问，当然一口答应了。

第二天，辩论法会又开始了。这次慧远上场就席。道恒昨天胜了一场，今日备感振奋，面对新上场的慧远，也没有把他放在眼里，可是他没想到慧远不但通晓佛法经义，辩才更不在他之下，昨天他能赢了昙一本来就不是赢在理上，不过仗着自己的辩才好，今天碰上慧远的一番番设难反驳，开始还能抵挡，后来便开始有些招架不住了。慧远抓住道恒的一个辩论破绽，穷追不舍，这下那个道恒顿时理屈词穷，微微显露出一点慌张的神色，只见他拿着那支麈尾在几案上扣动了几下，却一时不知该如何回答，慧远这时不慌不忙地对他说："不是'不疾而速'吗？还要反复思考什么呢？"

"不疾而速"是《周易》中的话，比喻做事从容不迫。心无派主张"心无义"，认为只要心能虚无清净，不为外物所累，那就能做到"虚而能知，无而能应"，那样做什么事情当然都能从容不迫了，可现在那道恒的表现哪里是内心虚无清净，又哪里是从容不迫呢？所以，慧远这样反问他，自然是恰到好处，以其人之道还治其人之身了。在场的僧众们一听，也都哈哈大笑起来，道恒哪里还能在那里站得住脚，他只好灰溜溜地跑了。从此，"心无义"不但在荆州，在整个江东也没多少人相信了。

听完慧远大破"心无义"的事，道安法师非常高兴，也非常感慨，他语重心长地对慧远说："听说那支愍度当年渡江创立'心无义'，是怕沿用旧说缺少新意难在江东立足，也不知是真是假。但无论如何，佛法精深渊奥，求法的人碰到不懂的地方是绝不能凭私意乱说的。"

慧远在荆州大破"心无义"对道安僧团意义重大，因为这是道安僧团南下襄阳以来第一次与江南僧众正面切磋交流，慧远辩论胜出，不但使道安的"本无论"般若学思想在南方得到了承认、传播，也为竺法汰东下弘法开辟了道路。

书信通江东

竺法汰后来离开荆州，便沿江东下去了扬州。这样，法和向西入蜀，进入了东晋的西方远疆，竺法汰到江东，进入了东晋的中心地带，而道安居中守在襄阳，一面可以左右相顾，一面又可以南北相望，这样精心的安排应该是出于道安法师弘法的一片苦心。

道安法师住在襄阳白马寺，他还是惦记着在外弘法的师兄弟法和与竺法汰，所以，偶尔从外面传来他们的消息，他总是会很高兴。

法和入蜀以后很快就以他的谦恭博学、精于佛法赢得了当地僧、俗的信奉，这让道安法师很宽心。法和为人谦虚持重，道安法师对他一直很放心。道安法师最关注的还是前去江东的竺法汰，尽管他在荆州时候就已赢得了桓温大司马的赏识，但江东那里毕竟是名流汇聚的地方，又是东晋的政治、文化中心，他希望竺法汰能像法和一样弘法顺利。好在竺法汰也一直惦记着道安法师，经常写信告诉道安法师自己的情况，所以，道安法师对他在江东那边的进展也多有了解。

从来信中，道安法师得知竺法汰离开荆州以后，起初先是到了扬州，开始并没有多少人了解他，毕竟他只是一个新面孔，不过后来他有缘结交了王珣、谢安等名士。王珣是东晋丞相王导的孙子，谢安是江南名士，借助这些因缘，竺法汰很快就得到了那些江东士族名流的赏识。

咸安元年（371），竺法汰从扬州到了建康（今江苏南京），入住瓦官寺，受到了简文帝司马昱的敬崇。简文帝与竺法汰谈论佛法，觉得竺法汰所讲佛法精妙深奥，大受启发，于是他专门为竺法汰开设法会，请竺法汰开讲《放光般若经》。据说法会当日，简文帝亲自驾临，王侯公卿自然是纷纷到场，僧、俗各路人士参会的更是不计其数。竺法汰本来就相貌不凡，在这种场合上座开讲，他高雅风流的气质一下子就震住了那些名流、士女。从此竺法汰在江东声名鹊起，仰慕拜访、前往投师的江东弟子多达一千余人。

当然，竺法汰写信给道安法师不只是谈他在江东的弘法进展，也经常跟他的师兄道安询问研读佛法时碰到的疑难问题，像今天保存在《出三藏记集》中的《问释道安三乘并书》《问释道安六通》《问释道安神》等信都是竺法汰在江东写给道安法师的，这些信应该都是竺法汰因为对佛教的"三乘""六通""神"等问题拿捏不准，所以才写信向道安请教。可见，那时候这师兄弟两个人虽然各在一方，还是通过书信联系，共同探讨佛法义理。也许是因为道安法师的佛法修养要高一些吧，这些信大多是竺法汰向道安法师请教佛法疑问的。这也说明竺法汰在江东的弘法僧团虽然相对独立，在佛教义理上仍然还是以襄阳的道安法师为精神领袖，从大处讲仍然属于道安僧团的分支，并没有完全独立。

竺法汰与道安的这些信也能从侧面反映出当时道安法师的一些佛法思想。《世说新语·文学第四》记录了竺法汰的一句话，是有关神通的："汰法师云：'六通''三明'同归，正异名耳。"这话的意思是说，佛教的"六通"和"三明"主旨相同，只是名称不同而已。竺法汰既然曾经专门写信向道安法师请教过有关神通的问题，他的这种见解很可能也是符合道安法师的看法的。"六通"就是六种神通，包括：天眼通、天耳通、神境通、他心通、宿命通、漏尽通。前五种是佛教与其他外道可共有的，但第六种漏尽通是佛教所独有的，只有按照佛陀的"八正道"修行，证得四圣谛法，才可以得到。"三明"是指宿命明、天眼明、漏尽明。这"三明"是与"六通"中的"宿命通""天眼通""漏尽通"三个相对应的。那么"三明"与"六通"之间是什么关系？又有什么区别？这个问题在东晋大概有很多人是分不清楚的，竺法汰和道安探讨认为它们在根本上并没有什么区别。

今天看来，道安与竺法汰的看法并不完全对。《大智度论》说："宿命、天眼、漏尽，名为三明。问曰：神通、明有何等异？答曰：直知过去宿命事，是名通。知过因缘行业，是名明。直知死此生彼，是名通。知行因缘际会不失，是名明。直尽结使，不知更生不生是名通。若知漏尽更不复生是名明。"

由此看，"三明"与相应的三种神通所侧重的所指并不相同，还是有区别的，"通"是就神通能力而言，而"明"是就佛法智慧而言。以宿命通与宿命明为例，宿命通能直接知道前世之事，这种神通能力就叫宿命通，而所以称宿命明，就更强调对前世所以如此的造业因缘的了知，这就是佛法智慧了。换句话说，有宿命明的人一定是可以像有宿命通的人那样了解前世（当然，这么说并不是说宿命明的神通力比宿命通高），但有宿命通的人不一定有宿命明的智慧。这样，由于只有"漏尽通"才是佛教不二法，所以，严格地说，如上三种神通中应该只有"漏尽通"和"三明"中的"漏尽明"没有根本差别，因为"漏尽通"必然有断尽一切烦恼的智慧，但拥有"宿命通""天眼通"的人却未必能对人的三世拥有佛法正见。不过，因为"宿命通""天眼通"能看到人的前世来生，也就容易对生死轮回之苦产生正见，从而拥有佛法智慧，所以，这二者通常也会被视为与"宿命明""天眼明"没有区别。《婆沙论》

说："六通中，余三何不谓明？答曰：身如意（言神境通），但工巧，天耳通但闻声，他心但知他人心，故此三不立为明。余三所以为明者，天眼知未来苦，宿命知过去苦，俱能厌离生死。又漏尽能为正观而断烦恼故。"这里就说得很清楚了，"六通"中宿命、天眼、漏尽三种神通也可以叫作三明，漏尽通本身就是断尽烦恼的智慧，而宿命通、天眼通也都可以起佛法正见，带来佛法智慧，所以才可以称为"明"，而六通中的"如意通""他心通""天耳通"没有这种特点，所以就不被称为"明"了。道安曾跟随佛图澄修行禅定，佛图澄又精于神通，所以，他对神通应该是有很多了解，也非常感兴趣的，但仍然未能将以上"三明"与"六通"的关系分辨透彻。可以想见，佛法传入中土后，因为缺少相应的经文，中土人为了弄清楚其中的一些疑难，曾经付出过多少辛苦，走过多少弯路。

　　道安在白马寺，通过书信也间接地了解到很多关于建康那边其他沙门对佛经义理的研读情况。竺法汰就经常在书信中向道安提到一个叫竺僧敷的沙门，他和沙门道嵩、竺法汰都同住在瓦官寺修行。竺僧敷是在西晋末年战乱的时候避难到江东的，一直在京师建康的瓦官寺修行，初到的时候就曾开坛讲经，建康本地的那些沙门也都对他的佛法修为非常佩服，和他同寺的道嵩在解读佛经方面跟他一样，也很有见地。竺法汰之所以特别推崇竺僧敷，是因为竺僧敷最擅长讲《放光般若经》与《道行般若经》，而道安僧团一向都非常重视对大乘般若学的研究，这两部佛经也是道安法师非常看重并经常开坛讲解的。沙门道嵩通过竺法汰了解到道安法师对般若学的深厚修养，非常钦佩。他曾专门写信给道安法师，向他推崇同寺法友竺僧敷，在信中他说："敷公研读佛经精微深入，见解独到，不是我等所能比的。"可见竺僧敷的般若学在当时的江东佛学

068

界应该是有一定地位的，所以，竺法汰才多次写信给道安法师，并在信中详细讲述竺僧敷的般若学思想，想必道安法师对这个竺僧敷也是非常感兴趣的。

竺法汰到建康瓦官寺后，与竺僧敷、道嵩志向相投，建立了深厚的友情。后来，竺僧敷去世多年，竺法汰每当想起他还是非常伤感，在给道安法师的信中他这样写道："每每想起敷上人，总觉得他的音容笑貌如在眼前，其实他早已离世很多年了。以前每当与他清谈佛理的时候，总是会想到师兄您，多希望我们能一起研读、讨论般若学啊，可没想到一转眼就阴阳两隔了。这种情感的伤痛又怎么能忘怀呢？"

从信中，我们能看出竺法汰虽是一代高僧，却是个性情中人。宗白华先生说："晋人向外发现了自然，向内发现了自己的深情。""重情"也是重要的魏晋风度，道安法师派竺法汰到崇尚风度的江东一带弘扬佛法，真的是选人得当。竺法汰在江东通过书信为道安传递着江东佛教发展的信息，为道安僧团的弘法事业作出了不可磨灭的贡献。

兴造檀溪寺

道安法师并不喜欢热闹，能推掉的应酬他一般都会推掉，他很喜欢小小白马寺的清静时光。他在白马寺最喜欢的事情还是安安静静地研读、注释佛经，有时候他也会把自己注释的佛经让人抄录下来，赠送给那些慕名前来求法的沙门、俗家信众们。

可很多事情也不是个人所能决定的，随着道安法师越来越闻名遐迩，很多权贵、门阀士族前来结交，有些时候也是推脱不掉的，而且道安法师也很清楚，要走依靠国主弘扬佛法的道路，结交权贵也是不得已的事情，不能回避，所以有时候，有些权贵前来邀请，他也便随缘前去。

咸安二年（372），东晋权贵桓朗子（约318～376）邀请道安法师前往江陵。桓朗子，也就是桓豁，朗子是他的字。桓朗子是东晋权臣桓温的次弟，当时任征西大将军，镇守荆州，在东晋朝中的地位也是不一般的。他的才能、名声虽然都不如桓温的另一个弟弟桓冲，但也算是一个颇有气度的人。他久闻道安法师的大名，便想请他到荆州治所江陵暂住一段时间。道安法师不好推脱，也就前去了。不过，道安法师在江陵没有住得太久。第二年，也就是宁康元年（373），东晋大将朱序被任命为南中郎将、梁州刺史，镇守襄阳，道安法师又被朱序从江陵接回了襄阳。朱序在和道安法师接触过程中发现道安法师佛法高深，不愧是一代高僧，绝非徒有虚名。他经常感叹地说："道安法师真是向佛求道的桥梁、教化启发众生的高僧啊！"因此，朱序为了与道安法师深相结识，一直对道安法师礼遇有加、毕恭毕敬。

宁康元年，权臣桓温放弃了篡权的阴谋，在忧愤中去世，谢安总揽东晋朝政，辅佐年仅十二岁的孝武帝司马曜。为了东晋政权的稳定，谢安没有趁机对桓氏家族痛下杀手，他打算继续任用桓冲、桓豁等桓氏家族的人，但他也必须提防朝政再次落入桓氏家族。后来，谢安通过反复调任，从桓氏家族中取回徐州、兖州、扬州等地盘，让桓冲领荆州，将桓氏家族的势力集中到了荆州一带，才达到了桓氏家族和东晋朝廷的势力平衡。同年，朱序被派到襄阳镇守，很可能也是谢安出于平衡势力的考虑。朱序是东晋的一员猛将，曾在平定司马勋的叛乱中立下战功，被封为征虏将军，但他得以征讨司马勋却是出于桓温的大力举荐，所以，朱序镇守襄阳是很微妙的，一方面作为东晋大将并没有特别的家族势力依靠，另一方面又和桓氏家族似乎有点"亲近"，不至于被桓氏家族怀疑不满。

无论如何，自朱序镇守襄阳，道安法师的白马寺更是日益繁闹起来，前来拜师学法的人不断增多，以至于小小的白马寺一再扩建也无法满足道安僧团的需要了，于是道安法师和僧众们商议后决定另外选择地方再建一座新的寺院。

听说道安法师要建新寺院，当地信众中的很多大富人家纷纷前来表示愿意捐献宅地，他们希望通过建寺供养僧团，获得大福报。在这些人中有一个是清河的张殷，他是襄阳的大富之一，也是一个非常虔诚的居士。他所捐的宅地位于襄阳城西门外九宫山（今襄阳真武山）下，这里面对着清清的檀溪水——也就是三国时刘备跃马檀溪的地方，远处是清秀的望楚山，峰峦秀丽，风景幽雅。道安法师觉得这是一个建寺修行的好地方，就将建寺的地址选在了这里，并给将要建的寺庙起了个名字，就叫檀溪寺。

檀溪寺开始建设以后，襄阳远近各处很多富豪都纷纷前来施舍捐助，所以，寺庙建得非常顺利，规模也远比白马寺大得多，光僧房就多达四百多间。寺院里建起了一座五层高的大佛塔，形制宏伟，令人赞叹。远在建康瓦官寺的竺法汰听说道安法师要营建檀溪寺，也派人跋山涉水前来提供捐助，当时佛塔刚刚建好，于是道安法师便拜托竺法汰的人建造承露盘。所谓承露盘，也称承露，是在佛塔上所建的重重相轮，也叫轮盖，一般都是用铜铸造的。这种承露源于印度，最初只是在佛塔"平头"中安放佛的舍利，再在上面设置轮盖加以覆护供养。这种轮盖传到中土以后，随着佛塔建筑的发展，就逐渐演化为一种佛塔顶端的饰物，也赋予它新的佛教意蕴，形制也多种多样起来，但它和汉武帝时为了承接上天所降甘露而建的那种仙人承露盘并不是一回事。

远在西北的凉州刺史杨弘忠听闻道安法师要筹建檀溪寺，也不远万里派人送来一万斤铜，希望道安法师用来铸造承露盘，不过当这些铜送达时，承露盘早已铸造好了。道安法师对杨刺史的虔诚奉佛之心非常感动，他想无论如何也不能辜负杨刺史的一片诚心，就决定再用这些铜铸造一尊佛像，于是立刻给杨刺史写了一封书信，咨询他的意见。他在信中说："杨刺史不远万里襄助建寺，功德无量！只是承露盘已经委托竺法汰法师营造，贫道打算用阁下送来的铜熔铸佛像一尊，不知意下如何？"杨刺史当然非常高兴，同意了道安法师的意见。

听说要铸造佛像，当地的不少铸造师都前来帮忙，最后大家一起拟就草图，设计好方案，很快便将铜佛像铸造好了。这尊佛像有一丈六尺高，庄严肃穆，相好光明，到了晚上，在烛光的映照下，更是光彩闪闪，将整个大殿都照亮了。瞻望着庄严的佛像，道安法师不禁回想起多年来的避难漂泊，已经很久没有在这么庄严、宽敞的大殿上礼佛诵经了。再过不久就是浴佛节（农历四月初八）了，他想，今年的浴佛节应该好好庆祝一番……

刚刚兴建了檀溪寺，又铸造了庄严的铜佛像，道安法师非常高兴，决定在浴佛节举行盛大的行像法事，希望借此感念佛恩，为天下的百姓祈福。浴佛节那天，襄阳城的信众、百姓们因早已听说今年的浴佛节规模特别盛大，与往年不同，都纷纷前来瞻仰、礼敬，一时从檀溪寺到万山的路上人山人海。庄严的佛像被安置在装饰了鲜花的特制四轮车上，佛像上方悬着缯制的幡盖，彩绘诸天形象。伴随着僧众们的诵经声，佛像在众人的推动下一路向檀溪寺附近的万山行去，那场面真是又盛大又肃穆。

道安法师率领弟子们一路走在队伍的最前列，在佛像的辉映下，僧众队伍更是显得格外庄严。一路上，每当道安法师的行像队伍来到面前的时候，路边等待礼敬的信众们纷纷散花烧香，跪拜在佛像与道安法师的面前，很多信众口里不停地念叨着："大慈大悲印手菩萨！"

道安法师自幼左臂便生有一块多余的肉，高高隆起，随着年龄的增长，那块肉也增长了不少，甚至可以来回捋动，上面又隐约有些文字形状的纹理，所以自道安法师成名以来，便有人称他"印手菩萨"。

行像法事结束后，当晚佛像又被请回，重新安置在檀溪寺的大殿。行像法事举办得很成功，道安法师非常激动，他面向佛像双手合十，虔敬地说道："大愿实现，就是今晚就死去，也没有什么遗憾了！"

名播大江南北

自从慧远在荆州大破"心无义"，道安僧团的声名在江南就日益高涨，前来拜访结交的权贵、名流也越来越多。兴建檀溪寺以后，"印手菩萨"的大名更是传遍大江南北，不过，道安却并不在意，反而常常规劝弟子们要精于持戒，切不可怠慢修行，增长了贡高我慢的情绪。道安法师自己更是从来不曾懈怠，他除了平日读经、教诲弟子，每年都要在寺中开坛讲《放光般若经》两次，从不曾废阙。

檀溪寺建成后，道安僧团的僧众数量剧增，不久便已多达一千余人，虽然襄阳的信众们经常施舍供养，但是这么大的僧团要维持还是很不容易，就是这样，仍然不时有前来请求剃度拜师的，道安有时候也不得不将他们推荐到其他的寺院去。

一日，习凿齿前来探望，又为寺中施舍了不少粮食。道安法师非常感激，对他说："多年来仰仗习施主布施，只是如今寺庙僧众日益增多……"习凿齿也早就发现檀溪寺僧众增多，维持不易，听到道安法师有些忧虑，便让他宽心，说："大师不必担忧，近日必有好消息。"

习凿齿所以这样讲，并不只是出于宽慰，因为不久前他已收到建康那边的消息，很快朝廷就将遣使者前来大力表彰道安法师的弘法大德。自道安法师到襄阳，习凿齿就对他钦佩不已，不久便给当时还在桓温幕下做事的谢安写信极力推荐。他在给谢安的信中热情洋溢地写道："听说道安法师到了襄阳，在下便去白马寺拜访，刚刚接触，便立刻觉得此人超凡脱俗，是一位深谙佛法的高僧，绝非一般修道之人。大师率领着寺中数百名僧徒，日日持戒修行，讲论佛经，从不懈怠。在下从未见到他施展什么炫人耳目的神通变化，也没有见到他有什么重威大势能让僧众们害怕，但他们师徒个个谦恭有礼，相互敬让，小小的寺庙中一派肃穆庄严的景象，这是在下从来没有见到过的。安法师心智光明正大，博览群书，无论佛经、外学都无所不读，就是阴阳、算数也多能通晓。当然，他对佛经义理的认识是最高妙的，讲论佛法很有法兰、法道等大师的风范。您没能和在下一起前去拜访这位大师真是遗憾啊！每当在下向安法师提到您时，他都非常希望有机会与您叙谈一番，一睹您的风采……"

谢安也早就听说过道安法师的大名，收到信后，他知道习凿齿这样桀骜个性的人不会轻易推崇一个人，故道安法师一定非同寻常，应该向朝廷推荐，只是在当时他还没有能力去做这件事。后来，权臣桓温去世，孝武帝登基，谢安已经总揽东晋朝政，自然可以实现他的心愿了。当然，竺法汰在建康弘法也卓有成效，早在简文帝时他的风采就已经倾倒江东人士，东晋大力表彰道安法师其中应该也有竺法汰的因素吧。

果然没过多久，建康便遣使者到襄阳，对道安法师大加表彰。晋孝武帝在诏书上说："安法师大才大智，佛法渊深，气度非凡，韵致朗彻，潜心修道，教化众生，功绩卓著。大师所作所为不但对今世有规诫救助的作用，就是对未来的人也有教化引导的意义。自今以后朝廷为安法师提供俸禄，等级与王公相同。"

道安法师在襄阳声名昭著，不光是东晋朝廷对他大加表彰，就是北方的那些胡人权要也早就听说他的威名，倾慕已久，都想有机会结交道安法师。其中对道安法师最痴迷的还要数前秦皇帝苻（fú）坚。

苻坚（338~385），字永固，小名坚头，是前秦开国君主苻洪的孙子，苻健的侄子。苻氏家族世代都是西戎氏族酋长，原本生活在略阳临渭（今甘肃秦安东南）一带。后赵石虎进攻关中的时候，苻洪率全族归顺，并迁徙到现在的河北临漳一带。后来苻洪一度曾投靠东晋，不久又自称秦王。苻洪死后，他的儿子苻健于前秦皇始二年（352，东晋永和八年）称帝，建都长安。苻健的儿子苻生是个暴君，前秦永兴元年（357，东晋升平元年），苻坚杀苻生自立。苻坚执政后，用人得当，励精图治，前秦建元六年（370，东晋太和五年）灭前燕，建元九年（373，东晋宁康元年）又攻夺了东晋的梁、益二州，基本上统一了北方。苻坚自幼非常喜欢汉文化，执政以后，他更是广设学宫，下令公卿以下的子弟都必须入学，还每个月亲自到太学视察，奖励人才。苻坚甚至规定凡俸禄百石以上的官吏，如果不能精通一部经书，没有一门才艺，就一律削职为民。符坚的这些措施大大鼓励了当时的读书人，朝廷上下一时人才济济。

符坚很早就听说襄阳道安法师是一代高僧，只恨道安法师身在东晋，隔山隔水，不得一见，后来当他听说道安法师筹建檀溪寺，便遣使者赠送了金箔倚佛像一尊。这尊佛像是从国外得来的，高有七尺，庄严华贵，是佛像中的精品。另外一同赠送给道安法师的还有金坐佛像一尊、结宝珠的弥勒佛像一尊，以及金缕绣佛像、织成佛像各一幅。符坚使者奉上这些礼品，向道安法师一再表达符坚对他的一片仰慕之情，道安法师见到这些庄严华贵的佛像也非常欢喜。每当召集讲经法会，道安法师便让弟子们将这些佛像在会场一一罗列，又布置竖立起高高的经幡、经幢加以装饰，一时法会上佛像之光、宝珠、玉珮之光交相辉映，烟华乱发，所有升殿参加法会的人无不感到肃穆庄严，个个心中顿生恭敬之心。

道安法师所以特别喜欢那些精致美妙的佛像，并不是贪图它们的宝贵，而是欢喜它们的庄严相好能引起众人的恭敬。然而，寺庙中收到的布施多了，僧众们还是难免产生贡高我慢之心，道安法师有时还是会借机教诲他们。在信众们所奉送的佛像中，有一尊铜佛像形制古朴奇特，和一般常见的佛像很不相同，应该是一尊从国外传来的佛像，众僧人对它不是很恭敬尊重，就是在清理维护佛像的时候，也经常顾不上它。道安法师见到这种情形，便对僧众们说："其实这尊佛像的形象是非常精致的，只是它的发髻设计得好像有点不太完美，你们去把它的发髻冶炼了重新制作吧。"

于是弟子们便按照道安法师的吩咐，准备将佛像的发髻重新冶炼，可是当他们正要用工具整治佛像发髻的时候，突然从发髻处发出闪耀的光芒，将整个佛堂都照亮了。弟子们大为吃惊，便上前仔细查看佛像的发髻，这才发现原来在佛像的发髻中藏放着一枚舍利子。众僧人立刻将这个发现报告给道安法师，向他询问该怎么办，道安听说后，微微笑了笑，说："既然佛像本来就神灵奇异，就不需要再重新铸造了。"

僧众们这才明白了，原来道安法师本来就知道这尊佛像非同一般，只是看到他们对这尊佛像不够恭敬，所以才让他们去重新整治它的发髻，以便让他们发现舍利。众僧一时都非常惭愧，对道安法师也更加敬服了。

综理群经——研读缘起法

自东汉佛教传入，传到中土的佛经也有不少了，可过去因为语言障碍，翻译也不够好，所以，很多经文是很难读懂的，就是深究佛经的沙门，当他们捧着佛经讲法时，也只能一边转读，一边讲讲大意而已。道安法师自从开始自己注释佛经，就一直在探索摆脱佛教界"格义"解经的陈旧办法。虽然他也没能完全摆脱"格义"的老套路，但他觉得还是有很多改进，效果也不错，所以，他就想将自己的注经成果进行推广。

襄阳环境安定，士人又多崇信佛教，道安法师便把他来襄阳后新注释的佛经及以前在濩泽、飞龙山以及恒山所注释的佛经，像《道行经》《道地经》《阴持入经》《大十二门经》《小十二门经》《安般守意经》等都进行了整理抄录，一面经常用这些自己注释的经文给僧众们讲解佛法，一面又请人将这些注释多多抄录，赠送给那些前来听法、求法的僧人及俗家信众们。渐渐地，道安法师的这些新注的佛经便在襄阳、荆州及江东各地流传开来，而且非常受欢迎，那些读经的僧人、信众们觉得有道安法师的注释参考，佛经义理比以前好理解多了，很多原来有疑问的地方，也都一下子明白了许多。

道安法师是一个非常勤奋的人，在襄阳的十五年中，包括注释佛经，他一共完成了《光赞折中解》《光赞抄解》《般若放光品折疑准》《密迹金刚经甄解》等二十多部与佛经相关的著作，只可惜，这些著作如今大多都已经亡佚不传了。道安法师在襄阳的著述现在能看到的只有《人本欲生经注》一部，以及《人本欲生经序》《了本生死经序》《十法句义经序》《渐备经十住梵名并书叙》《合放光光赞略解序》五篇序文。我们只能根据尚存的这些经及序考察一下道安法师的佛经研读情况了。

首先，可以确定的是，道安法师在襄阳曾经深入地研读了佛教的缘起法思想，这主要体现在他对《人本欲生经》及《了本生死经》两部佛经的研读、注释上。

《人本欲生经》是一部小乘佛教经典，由东汉安世高翻译为汉文，与今天《中阿含经》第二十四卷的《大因经》，《长阿含经》第十卷的《大缘方便经》，南传经藏长部的《大缘经》属同一部经。这一部经主要讲阿难对佛陀所说的缘起法觉得不是很深邃，似乎很容易了知，而佛陀告诉他缘起法实际上非常深奥难知，众生因为不能觉悟此法，便不得出离轮回，于是佛陀便对阿难讲解缘起法的诸支间的相生关系，又讲解了四种"我执"及"七识住"等问题。

这部经所讲缘起法和佛教中一般所讲的十二支缘起法有些不同，只有九支缘起法。十二支缘起法在佛经中一般被表达为："无明缘行，行缘识，识缘名色，名色缘六入，六入缘触，触缘受，受缘爱，爱缘取，取缘有，有缘生，生缘老死。"南传经藏的《大缘经》中的九支缘起法是这样的："名色缘识，识缘名色，名色缘触，触缘受，受缘爱，爱缘取，取缘有，有缘生，生缘老死。"《人本欲生经》中开始部分对缘起法的描述极为简单，而且与《大缘经》很不相同，是这样讲的："爱求因缘受，从受因缘有，从有因缘生，从生因缘老死，忧、悲、苦、不可意、恼生。"也就是："爱缘受，受缘有，有缘生，生缘老死。"虽然《人本欲生经》开始部分只谈到了缘起的五支，而且顺序也不同，但它后面在详细分析与"爱"这一缘起支相关联的因果链时，却又是和《大缘经》基本相同的："名字缘识，识缘名字，名字缘更，更缘痛，痛缘爱，爱缘求，求缘利，利缘发往，发往缘欲贪，欲贪缘发受，发受缘悭难舍，悭难舍缘家，家缘守。"（比《大缘经》多出"家"一支）其实也就是："名色缘识，识缘名色，名色缘触，触缘受，受缘爱，爱缘取……"如果将这部分与开始的五支缘起对应，则很容易发现《人本欲生经》开头部分的"爱缘受，受缘有"的说法很可能是不确切的，而除此之外，前后相合得到的对九支缘起的描述，从内容到顺序就都和《大缘经》没有差别了。

道安法师在襄阳研读《人本欲生经》时，对小乘的缘起法已经有深刻的见解。他解释《人本欲生经》这部经的名字时说："本，就是痴。欲，就是爱。生，就是指生死。这里是略举十二缘起支中的三个作为纲目。""痴"也就是无明，无明、爱、生、死，都是十二缘起支的内容，不过道安以"生死"解释"生"，那就不是三支，而是四支，因为"生缘老死"本身就包含两支。但道安认为无明、爱、生死是十二缘起支的纲目却是很有道理的，因为人类有情正是因为有无明，所以才有贪爱，因为贪爱而不能摆脱轮回之苦，才在轮回中永受生死之苦。对于九支缘起法，道安提出了一个很重要的观点，他在

"识令有名字，名字因缘有识"一句下注释说："十二事穷此。"也就是说，道安认为"识缘名色，名色缘识"所讲的"识"与"名色"互为因缘的法则，本身就内在地蕴含着十二缘起支的因缘关系。今天一般认为佛教的九支缘起法与十二支缘起法有密切的关联，故道安的说法是很值得注意的，只是很可惜他未能就此展开论述。

《了本生死经》是一部大乘佛经，汉末时传入中土，三国时吴国居士支谦翻译并作了注释。这部经是一部大乘经，在中土佛教界非常受重视，很多经疏都曾经引用其中的经文，这部经今天仍然保存在《大正藏》中。道安法师在《了本生死经序》中提到，就是在天竺（古印度），佛教的三藏法师们也都把它看得极为重要，并详加研究。这部经与上面提到的《人本欲生经》有一点是相同的，它也是讲缘起的，经中以植物的生长为例，说明所谓众生、有情只是随着因果业力而呈现出的名色的无常变化现象，其中并没有一个"我"这样的主体。不过这部大乘佛经所讲的缘起法，除了提到十二缘起，还引入了空的观念，以"空种""识种"与小乘佛教的地、水、火、风四大种相结合来阐述缘起法，所以，这部经对缘起法的讲解和《人本欲生经》不同，是贯穿着大乘缘起性空的思想的。关于这一点，道安法师也是很清楚的，所以，他在该经的序文中说："如果思量我们这个身体，认为有一个众生，那么就会随因缘被系缚不得解脱……如果能彻悟空性，明白并没有一个生命或者有情，那么就了悟了四圣谛法……"但对于《了本生死经》所讲的大乘缘起法与《人本欲生经》所讲的小乘缘起法，它们有什么差异，道安法师似乎并没有注意到，也没有什么论述。

综理群经——研读般若学

道安法师在襄阳的著述中有《光赞折中解》一卷、《光赞抄解》一卷、《般若放光品折疑准》一卷、《般若放光折疑略》二卷、《般若放光品起尽解》一卷，这五部著作都是研读《光赞般若经》与《放光般若经》两部大乘般若学佛经的成果。由此可见，道安法师在襄阳曾对大乘般若学作过深入的研读。

道安法师早年在北方避难驻留飞龙山的时候，就曾与竺法汰、僧先等人一起研读过《道行般若经》（《道行经》），对大乘般若学一直非常关注。在襄阳的时候，由于僧团队伍的不断壮大，道安法师一度苦于整饬僧团戒律时缺少相应的戒本可依，便派遣弟子慧常西行求法。慧常西行到达凉州以后，虽然没有得到相关的戒律经本，却带回来一些其他的重要佛经，其中就有《光赞般若经》。

在没有见到《光赞般若经》之前，道安对大乘般若学的研读，除了上面提及的《道行般若经》，就是《放光般若经》了。

《放光般若经》出自于阗（今新疆和田）。于阗是古西域王国，自公元前2世纪末佛教传入以后，逐渐发展成为大乘佛教的中心，从三国两晋直到隋唐，一直都是中土大乘佛教的重要起源地。这部经最早是由三国时魏沙门朱士行发现的。朱士行研读竺佛朔所翻译的《道行般若经》，认为这部小品（简本）佛经不能将大乘般若学讲清楚，所以于魏甘露五年（260），从雍州出发，西渡流沙，辗转抵达于阗，才得到了"正品梵书胡本九十章六十万余言"。据说朱士行想要将这部大乘佛经带回中土，还曾受到了当时于阗小乘学沙门的阻挠，因为他们认为那些所谓的大乘佛经其实已经不是佛陀正法，而是已经掺杂了印度婆罗门教理的外道学，于阗国王于是下令严禁该经流出。朱士行很痛心，便求烧经为证，他说："如果大法应当流传汉地，那么这经书就不会燃烧，如果它不受保护，那就任由天命吧！"

说完，朱士行便将梵本《放光般若经》扔到了火里，谁知道经本扔到火中不但没有燃烧，火反而灭了，经书没有丝毫损坏，在场的众人都很惊骇，认为可能有神灵暗中护佑。就这样，太康三年（282），这部经才由朱士行的弟子不如檀送到洛阳，直到元康元年（291）才由无罗叉与竺叔兰译为汉文经本。

《放光般若经》一出便风行中土，被士人、佛子们所重视。据说当年中山（今河北定县）支和尚曾专门派人到陈留（今河南开封东）仓垣抄写该经。当抄写完回到中山的时候，中山王与僧众们举着幢幡，出城四十多里前去迎接，那隆重的场面可想而知。道安法师的时代佛教界的学者没有人不重视这部经，都借着注疏、讲解《放光般若经》弘扬大乘般若学，可以说那时候的《放光般若经》是佛学研究中的显学。

慧常托人给道安法师带回来的《光赞般若经》的原本也出自于阗。这部经早在西晋太康七年（286）就已经被竺法护翻译成汉文，但它一直保存在凉州，并没有流传到中原地区。东晋太元元年（376），慧常西行求法来到凉州发现了它，才托人将它带回到襄阳。道安法师以前在邺城的时候就曾见到过《光赞般若经》的第一品，但没有见过全本，后来虽然曾经力图寻找，也没有找到，所以，当他见到慧常托人给他带来的全本《光赞般若经》时，可以说有点惊喜过望了。他立刻将这部经与已有的《放光般若经》进行了详细的比较研究。

经过比较，道安法师发现，《放光般若经》《光赞般若经》

虽都属于《般若经》的大品，算是同本异译，但实际上《放光般若经》在翻译的时候删略现象比较严重，严格地说，也是一个节译本，而《光赞般若经》才算得上是真正的全本。而且两个经本的翻译也有很大的差别，《放光般若经》采取的翻译原则是以意译为主，语言上比较接近中土人的风格，表述明白流畅，只是为了照顾本土的语言、思维习惯，也就没有能完全尊重所译经本的本来面貌，删节太多也就多有遗漏问题了。至于《光赞般若经》，恰恰相反，它的翻译采取的是直译，所以，在语言风格上保留了原来经本的质朴无华的特点，在内容上也极力保留了所译经本的原貌。反复讲说、回环往复地叙述等等，这些都是印度经本的特点，中土人阅读起来会觉得很不习惯，因为中土文化喜欢简易，对这种反复讲说的文风，会觉得重点不突出，又显得繁复啰唆。

因为《放光》《光赞》两部般若经其实是一部经，所以道安将它们放在一起进行研究。他在《合放光光赞略解序》中谈了他对大乘般若学"诸法性空"的新认识：

"诸法实相有三个意思，它们是同一的，也就是：法身、如、真际。'如'就是'这个样子'的意思，无论实相界还是现象界都是'这个样子'，没有什么能不让它们不是'这个样子'。无论佛在世不在世，一切都不需要依赖什么就是'这个样子'，所以叫作'如'。'法身'，就是'一'，就是'常净'，泯灭忘掉一切，连所谓的'一生二，二生三'的'二''三'也没有，只有'一'，皎洁纯净，没有任何污染，所以是'净'的，所以叫作'常道'。'真际'，就是'没有任何执著'，恬静无欲，湛然玄静，既没有'为'，也没有'不为'。天下一切法都是有为的，唯独这种法渊深静默，所以说'无所有'才是诸法的实相。"

道安从"如""法身""真际"三个角度论述了他对般若性空的观点，这三者其实是大乘佛法的同一个本体论问题的三个不同的透视层面。"如"也就是一切诸法的实相，这是无法用语言直接描述清楚的，所以也只能用"这个样子"来说，"如"其实也就是如其本真面貌。"法身"是就诸法的终极本体的角度讲的，它只是常净而一，并不具有道家所讲的道的那种宇宙创生论意义，所以道安说它只是"一"，无所谓"一生二，二生三"。"真际"则从修行者的角度讲，证悟到诸法性空，与真如相依，则湛然渊默而无所欲求了。从这里，我们可以看到襄阳时期道安法师的般若学思想比以前又有了很大的进步，虽然他仍然会借助儒、道等外道学的东西来讲佛法，但已经不同于传统意义上的简单"格义"。道安的上述讲解说明他已清晰地看到了佛教的"真如"与道家的"道"的根本差异，它并不是宇宙论意义上的，而只是本体论意义上的，所以即便他借助道家思想说真际"无为而无不为"，也远不是道家的意义上的，而是指既没有"为"，也没有"不为"，那也就"无所有"，这个无所有不是什么也没有，而是大乘缘起性空的"无我"，唯有缘起，却了无牵系，了无挂碍。

般若经所讲的佛法义理是大乘缘起性空之法，与小乘佛法很不相同。尽管大乘、小乘都以涅槃境界为最高追求，但在小乘佛法来讲，涅槃界通过禅修实践可以亲身体味、证知，却属于不可说的领域，所以，小乘佛法对涅槃通常少有议论，只说有"涅槃"，但并不会去追究涅槃是另外一个世界吗？它在哪里？因为这种提问在小乘佛法看来没有任何意义，根本不可能触及涅槃的实质，因为涅槃唯有亲自证悟才可知，才有意义。但大乘般若思想在这个问题上就很不相同，发展出一种对涅槃的新的阐释。大乘般若学并不像小乘佛法那样将"无我""空"

的问题仅仅关注在人的五蕴世界（因为佛陀认为唯有观五蕴世界的无常、苦、无我才能解脱），而是讲诸法性空，容纳人与宇宙万物而说诸法空，但这个"空"又不离开缘起而另有，恰恰因缘起而性空。所以，世俗谛与胜义谛就在区分中又巧妙地联结在一起，从诸法无自性的角度讲，就是空，就是胜义谛；从诸法缘起有的角度讲，是假有，也不是绝对的无，那就是世俗谛。这样涅槃的空性便不可离缘起而说，在这种推论下，必然的结论是诸法实相不离缘起，涅槃不在他处，即在世间，烦恼即是菩提。所以大乘佛法中的佛、菩萨有住世、倒驾慈航之说，而不是像小乘佛法中所讲任何罗汉包括佛一旦涅槃便不会再出世；大乘佛法会有常、乐、我、净的说法，也不像小乘佛法那样只讲苦、无常、无我。

另外值得注意的是，道安在襄阳还初步接触到了《华严经》的经本。东晋太元元年（376），西行求法的慧常还托人给道安带回来一部《渐备一切智德经》，五卷缺第一卷。这部经由西晋沙门竺法护元康七年（297）在长安翻译为汉文，不知因何因缘被带到了凉州，并一直保存在那里。《渐备一切智德经》属《华严经》系统，经本的内容讲的是大乘佛法菩萨修行的阶位，也就是关于"十地"的问题。华严"十地"，是指一欢喜地、二离垢地、三发光地、四焰慧地、五极难胜地、六现前地、七远行地、八不动地、九善慧地、十法云地，依次代表了菩萨修行不断提高的十个不同阶段。大乘佛法最重视菩萨道精神，菩萨修行阶位的问题在很多佛经中都有讲解，大乘般若经系统中也有对大乘菩萨十地修行的讲述。道安法师精通般若学，对此应该是很熟悉的，但他对华严思想是刚刚接触，所以，对其中的菩萨"十地"思想就感到很陌生。他感慨地说："《渐备经》所讲的十住位各阶段都有所不同，和平时所见众经中所讲的很不一样。正想深入研读探讨，可如今却好像面对茫茫大海，不知道它所讲的第一住是怎样的。真希望冥冥中能有因缘得到帮助，让我得到第一卷经本啊！"由于道安看到的《渐备一切智德经》五卷缺失了第一卷，在理解上就更加困难。他察觉到了华严经系统与般若系统的菩萨十地思想差别很大，但却一时理不清楚。

从道安法师的感慨中，我们可以深深地感受到他对佛经流传缺失的遗憾，也就不难理解他为什么一生勤于搜求佛经了。

综理群经——佛学研读方法

自汉代佛教传入，到魏晋南北朝时期，中土已经翻译了不少佛教经典，这些经典有小乘佛教的，也有大乘佛教的。道安法师在襄阳整理、注释佛经的时候发现，佛学博大精深，传入、翻译的佛经越来越多，如果没有一个好的办法是很难入门的。随着对佛经整理、注释工作的深入，他日益感受到必须高度重视佛经研读、整理的方法。今天，根据道安法师在襄阳的佛学著作可以看到，他在佛学研读的方法上也作出了非常卓著的成绩。这主要表现在两个方面，一个是对佛教法数的研究，一个是对佛教经录的编纂。

法数又叫"名数""事数"，从形式上来看，就是一些带有数字的佛教名词，例如"三界""四谛""五蕴""六度""八正道""十二因缘"等。为什么会出现这样一些带有数字的名称呢？因为佛教有着自己的一套特殊的名词、概念，这些名词、概念不但数量很多，而且相互间又有着密切的关联，如果不能熟练地掌握这些名词、概念，就连入门都很难。这样问题就来了，那么多的名词、概念，要一一记住，对一个人的记忆力还真是一种考验呢！有什么好办法吗？佛教中有一种办法，就是将那些相关的概念放在一起，并通过对一组相关名词的数量总结出一些便于记忆的名称，这个就叫作法数。比如与"一"相关的法数有："一刹那"（极短暂时间）、"一阐提"（极恶、缺乏善根的人）、"一心二门"（一心含真如、生灭二门）、"一切种智"（佛智）等。与"二"相关的法数有："二执"（我执、法执）、"二障"（由我执生烦恼障，由法执生所知障）等。与"三"相关的法数有："三宝"（佛、法、僧）、"三藏"（经、律、论）、"三界"（欲界、色界、无色界）、"三毒"（贪、嗔、痴）、"三学"（戒、定、慧）等，通常这样的法数可以由一顺次二、三、四一直增加下去，将佛教的各种概念、名称联系起来，达到方便记忆、背诵的目的。

佛经中的不少经本也是借助法数来讲佛法的，比如《增一阿含经》《本事经》《法集名数经》等就都是以法数为核心的著名经本。古代的高僧大德们为了方便研读佛经、学习佛法，也经常自己编写这类的法数类著作，比如唐代李师政编有《法门名义集》，明代的一如法师编有《大明三藏法数》等。道安法师在襄阳时期也编著过法数类的佛教作品，他所作的《十法句义》《十法句杂解》都是这类著作。道安的年代要早得多，是中土此类佛教著述的开拓者。道安在《十法句义经序》中说："没有比研读佛法中的'同'与'异'更微妙的了，但能入门的人很少。要弄明白佛法义理，没有比精通法数更重要的了，但能真正掌握的人很少。过去，沙门严佛调撰写的《十慧章句》，沙门康僧会所集《六度》要目都是有关法数的书，研读佛经过程中，每当参阅这类书总会有所感悟。不过，这些书也有缺漏，有些方面的法数未能收录，现在把这些遗漏的法数依次抄集起来，命名为《十法句义》。"

由此可知，道安法师在阅读佛经的过程中，也经常参阅有关法数的著作。他是把这类著作当作研读佛法的工具书来对待的，汉代沙门严佛调与三国沙门康僧会所著的两部法数著作可能是他经常参阅的，他发现两部法数著作中有不少缺漏现象，就专门写了《十法句义》为它们补缺。道安法师非常重视法数，认为法数是学习佛法的重要门径，他说："《阿含经》中包含着很多法数的内容，阿毗昙学更是法数的渊薮（sǒu），据说在赤泽（迦毗罗卫），那些有学问的人没有不学习阿毗昙的。先造船再渡河就会很安全，弘扬佛法如果精通法数就能成就宏伟的事业。所以，现在人们研读般若经，必须借助法数才能了解它所讲的内容，只有通晓法数才能读好般若经。法数是研读佛经、修习佛法的关键啊！怎么能不努力钻研呢！"

道安法师不但注重对佛教法数的研究，也很重视对佛经目录的整理。

东汉时中土已翻译的佛经就有二百九十二部，三百九十五卷，到南北朝时期，翻译出来的佛经更是多达三四千卷，这么多的佛经，如果没有目录那是难以想象的。中国自汉代刘向整理国家藏书就有了目录学，其后各个朝代做学问的人大都很重视目录学，因为他们知道目录学有辨章学术、考镜源流的作用，更是做学问的入门之学。随着佛经的大量传入、翻译，中土学佛的人自然也想到应该用目录学的知识来整理佛经，以为研读佛学提供方便。在道安法师之前有没有专门的佛经目录呢？从今天的很多记载看，也可能有，但没有多少确切的证据。道安法师是写过佛经目录的，而且他的这部经录很可能是有据可查的第一部佛经目录。《高僧传》说："从汉代到东晋，传入的佛经越来越多，但传经人的名字没有人记得，读经的人想要查询，也无法知道他们的年代。道安法师于是总集、整理佛经名目，记录当时的传经人，品评新、旧翻译的经本，撰写了《经录》一书。今天众多的佛经有据可查，的确是有赖于道安法师的功劳啊。"

这里提到的《经录》，就是道安法师撰写的佛经目录著作，不过"经录"只是佛经目录著作的通称，道安法师所作经录到底叫什么名字已经没法知道了。隋代的经录学家费长房在他写的《历代三宝记》中有一个地方提到："《综理众经目录》，一卷……沙门释道安撰。"另一处又说："《释道安录》，一卷。"也不知道他这些说法有什么证据，哪个说法更确切，不过，后来《大唐内典经录》《开元释教录》采用了《综理众经目录》这个书名，人们渐渐地也就都认可了。道安法师在这部经录中对当时所见佛经进行了分类记录，主要包括九类："经论录"（著录有译者姓名的各种著作 244 部）、"失译经录"（著录失去译者姓名的著作 131 部）、"凉土异经录"（著录在关中翻译流传的著作 24 部）、"古异经录"（著录年代久远的著作 92 部）、"疑经录"（著录可疑及伪经 26 部）、"注经录"（著录佛经注疏作品 19 部）、"诸天录"（著录三界诸大 1 部）、"杂经志录"（3 部），共涉及 599 部典籍。

道安法师的这部经录虽然已经丢失了，但通过《出三藏记集》我们还是可以大致了解他对佛经目录的分类情况。他在经录中将所见佛经分为九类，这些分类今天看虽然缺少一个贯穿始终的统一标准，但还是很值得参考的。他的分类标准大致上有如下几个：有无确切的译者、经本还是注本、翻译年代及地域、经本是否可靠等。其中的"疑经录"专收可疑及伪造佛经，这是很了不起的，因为在道安法师的年代，还很少有人关注经本的可靠性问题，但道安法师在长期研读佛经的过程中显然已经发现有些佛经并不可靠，很可能是伪造的。道安法师的这些经录分类为后来撰写佛经目录的人提供了宝贵的参考经验。南朝僧人僧祐（445~518）对道安法师的这部经录评价非常高，他说："自从道安法师，才开始撰述佛经名录，品评译经者的翻译水平，考察记录经本年代。佛经有据可循，的确有赖于此人啊！"

烽烟起襄阳

襄阳是东晋的军事重镇，东晋历来非常重视对此地的镇守。宁康元年（373），东晋派曾经平定成都司马勋之乱的大将朱序前往襄阳镇守，也表现了东晋对此地的重视。朱序镇守襄阳，也因此与在此弘法的道安法师结下了一段深厚的缘分。道安法师在襄阳度过了十五年，这是他人生中比较平静的一段时期。在此期间他一面大力弘扬佛法，一面也研读、整理了大量的佛经典籍，并开始着手整治僧团戒律。不过，他并没有想到这种平静的生活未能持续下去，北方的战火终于有一天也蔓延到了处于南北要塞的襄阳城。

北方的前秦是一个新兴的少数民族政权，发展非常迅猛，东晋太和五年（370，前秦建元六年）灭前燕，太和六年灭仇池（今甘肃西和县南部）氐族杨氏，宁康元年（373，前秦建元九年）攻夺了东晋的梁、益二州，基本上统一了北方，东晋太元元年（376，前秦建元十二年）又消灭了前凉，并乘鲜卑拓跋氏衰乱灭了代国。这时，雄心勃勃的前秦皇帝苻坚面对广阔的东晋版图又怎么会视而不见？仅仅梁、益二州已经远远不足以满足他拓展霸业的欲望了。太元二年，前秦的太史向苻坚上奏说："有一颗特别明亮的星在外国的分野出现了，它是圣人的象征，天下的帝王谁能得到他的辅佐，就能昌盛繁荣。"

古代的占星家们常常用天象变化来占卜人间的吉凶祸福，具体的办法就是将天上星座空间与地面上的各国、各州郡互相对应，在天上看就叫星分，从地面上看就称作分野，他们认为天上的星象变化直接预兆着相对应的地面上的吉凶。太史的意思是说，从星象上看，在前秦以外的其他国家有圣人出现了，如果前秦能得到他的辅佐，那必然国力强盛，如果被别的国家得到了，那别的国家就强盛了，对前秦当然就不利了。

苻坚一听，立刻问道："那圣人是谁？在什么地方？朕听说西域有鸠摩罗什，襄阳有道安法师，不知他们可是你说的'圣人'？"太史说："如今天下佛教大兴，圣人的确有可能出自佛门。"

朝臣们一听，也都议论起来，大家一致认为，当今天下声名最显著的就是西域的鸠摩罗什和襄阳的道安法师了。

苻坚虽在北方，但他对道安法师钦慕已久，多年前他听说道安法师要兴建檀溪寺，还特意派使者前往赠送了很多名贵佛像作为礼品，希望能与他结交。苻坚听了朝臣们的议论，感慨地说："那襄阳的道安法师的确是神器，非同凡响，朕正打算将他请来辅佐朝政。"于是便下令派遣使节分别前往西域和襄阳求请鸠摩罗什和道安两位圣人。但他其实心里很清楚，这样遣使求请多半是没有什么用的，既然是圣人，又有哪个国家愿意拱手让给别国呢？

果然，不久后前往襄阳的使者便回来报告说，襄阳的镇守大将朱序一口便回绝了，根本就没有商量的余地。苻坚一听大怒，他气冲冲地说："朕好心去请，是给他们面子，居然不答应，那就休怪朕不客气了！"

第二年，即太元三年二月，苻坚派他的庶长子征南大将军苻丕做统帅，会同武卫将军苟苌等带兵七万人，及其他三路人马分兵向襄阳进发，合计总兵力十七万人。苻坚限期令苻丕攻克襄阳城。襄阳是连接江南、江北的战略要地，前秦如果能攻下襄阳，就能够解除东晋对河洛一带的威胁，有力地阻挠东晋的北伐行动，使关中获得安定，而且襄阳一破，东晋的版图就被撕开了一个口子，南下进攻也就有了根据地。苻坚这样下力气攻打襄阳不会没有想到这些，不过南下的大军谁都知道，这次圣上攻打襄阳就是为了一个人——道安法师。

镇守襄阳的朱序得知前秦大军来攻，却一点也不惊慌。他下令撤出汉水上的全部船只，防止前秦兵马渡河。这一招好像很奏效，不久他便听到探子来报，说前秦大军已经在汉水对面驻扎，停止不前了。朱序听后笑了笑说："当然喽，没船怎么渡河？飞过来啊？"

曾经打过几次大胜仗的朱序显然有些麻痹大意了，常言说，骄兵必败，他万万没有想到，前秦将领石越也是一员猛将。他看到朱序凭借着汉水天险，居安不思危，完全没有防备，就挑选了五千名虎将，带着装备偷偷泅渡过了汉水。当朱序得到情报的时候，不由大惊失色，慌了手脚，立刻调兵守城，可是他已经完全丧失了优势，石越部下早已抢夺了一百多艘战船，开到汉水对岸，接应前秦大军去了。襄阳城的守军却完全没有了斗志，个个惊恐，这座城还能守得住吗？果然没多久，襄阳外城就被攻破了，朱序一面命令将士们死守中城，一面派死士突围送信，希望能抵抗住前秦的进攻，等到东晋援兵的到来。

朱序的老母亲韩夫人早年曾跟随丈夫朱焘一起征战沙场，也通晓一些兵法。她看到儿子因为一时疏忽陷入险境，便亲自登上城楼观察地形，希望能帮助儿子防守。在巡视一番后，她认为西北角是襄阳城最薄弱的环节，前秦军队很可能会全力攻打，一旦攻破，全城必将陷落，于是她便亲自率领家婢和城中的妇女们在西北角又增筑起一道二十多丈的内城。后来前秦攻城时，果然从西北角打开了缺口，敌军蜂拥而入，原本以为攻城成功了，却没想到里面还有一道城墙，一下子泄了气，攻势顿时减弱下来。后来襄阳人为纪念这位果敢的韩氏，便将这段城墙称为"夫人城"。后世夫人城曾多次得到维修，上勒石额"夫人城"三个大字，如今它已成为襄阳城的一道著名的旅游风景了。

不久，前秦将领慕容垂攻克了南阳，也赶到襄阳与苻丕会师攻城，前秦又派彭超东征，七万大兵直奔彭城。东晋右将军毛虎生率领五万士兵，镇守在姑孰。南北双方形成相持局势。襄阳城军情危急，但东晋的其他将领忌惮前秦攻势强大，都不愿前来营救，镇守荆州的桓冲拥兵七万，近在咫尺，也见死不救。好在襄阳经济发达，粮食储备丰足，全城百姓畏惧胡人破城屠杀，在朱序的带领下，也都团结一致，奋力死守，就这样一直到了这年冬末，前秦也没能将襄阳打下来。

前秦御史中丞李柔对苻坚说："长乐公苻丕等拥众十多万，攻围一个小小的襄阳城，日费万金，却久攻不下，应该下廷尉治罪。"苻丕虽然是苻坚的长子，但他也不得不派人前往督战，并下手谕对苻丕说："到明年来春还打不下来，你就自裁谢罪吧，你没有脸见我!"

督战特使给苻丕传达了苻坚的旨意，将领们个个着急，却没什么好办法，这时，主簿王施出了个佯装缓攻，麻痹朱序，再寻找机会攻城的计策。既然没有什么别的办法，苻丕也只好尝试一下了。他命令攻城的将士们连续猛攻了几天，然后就下令后撤。襄阳城内的军民死守大半年，一看前秦大军撤退，都纷纷欢呼庆祝，放松了警惕。这时候，襄阳城的督护李伯护想投降前秦，他暗中派儿子给苻丕通风报信，愿做内应。

东晋太元四年二月，苻丕派遣精锐部队突然杀回襄阳，在城中内奸李伯护父子的接应下，三月初六，朱序驻守的襄阳城在死守了整整一年后终于陷落了。有趣的是，前秦皇帝苻坚没有杀朱序，他认为朱序能守节，拜他做了度支尚书（掌财政收支），反而认为李伯护不忠，把他斩首了。

再次分遣众徒

东晋太元三年（378），在檀溪寺的道安法师得到前秦攻打襄阳的消息，便召集全寺僧众商议对策。众弟子们都觉得道安法师应该先离开襄阳城，到其他地方暂避一下，无论南下还是沿江东下都可以。不过，道安法师这一次没有走成，因为就在他们商量的时候，襄阳守将朱序已经亲自带人来檀溪寺请道安法师了。朱序听道安法师说要离开襄阳，便立刻劝阻道："法师万万不可在这个时候离去！前秦十几万大军前来襄阳就是为了您，如今到处兵荒马乱，很不安全，万一您碰到危险，让我怎么向朝廷和襄阳的百姓们交代啊。"

朱序不容道安法师多说，便以安全为名将道安法师一干人等接到襄阳城内，派专人看护了起来。

"这哪里是保护师父，分明是软禁嘛！"

"就是！这个朱序也太过分了，亏师父平日还对他那么好。"

一些跟随道安法师的弟子对朱序拘禁自己的师父非常不满。道安法师心里却很清楚，前秦苻坚不可能仅仅为了他一个和尚就大军兴讨襄阳，朱序把他软禁起来也不完全是为了他的安全。不过，已经年近古稀的道安法师如今早已深谙天命所在，并不急于逃难了，他心中想得更多的是弟子们的去处。当年道安法师从北方南下躲避战乱，曾经在新野分遣众徒，将佛法的种子撒遍江南各地，现在他已在襄阳弘法十多年，僧团队伍已经非常庞大，他的很多弟子早已成长为精通佛法的法师，也都有能力收徒传法了。襄阳城的烽火对他来说似乎是一个信号，他觉得该再次分遣众徒了，这样一方面可以保全弘法力量，一方面也可以像上次那样让弟子们将佛法带到更多的地方去发扬光大，让更多的人得到佛法的利益。

这年夏天，在经过一番周全的考虑后，道安法师将跟随自己多年的弟子们叫到身边，开始交代他的分遣计划。据记载，这次道安分遣的众徒中有慧远、慧持兄弟以及昙徽、法遇等人。

昙徽是道安法师最早的弟子，他十二岁就投到道安门下出家，在此之前从未离开过道安法师。昙徽天资聪颖，不但精通佛法，对儒家经史等外学也很擅长，还没有成年就已经能讲经说法。虽然这样，他却是一个非常谦虚的人，从不曾对人有傲慢之心，所以很受僧众们的欢迎，道安法师对他也非常看重。这次襄阳遇难，他离开道安法师以后便东下来到了荆州上明寺修行。昙徽在上明寺讲法非常受沙门、信众们的欢迎。相传，他曾画出道安法师的画像，当对所讲佛法不确定的时候，便对着画像燃香，存念礼拜，就能明白该怎么讲。当时江陵的士女信众们知道后，也都纷纷面对西方，口念"印手菩萨"向道安法师致敬。昙徽七十三岁无疾而终，著有《立本论》九篇、《六识旨归》十二首，都流传于世。

法遇也是一个好学的人，年轻的时候就熟读外学经典。他本来是一个性格夸诞放任的人，恃才桀骜，常常旁若无人，后来见到道安法师，一番交谈后便对道安法师佩服得五体投地，于是削发为僧，拜师学佛，修行成为一个谦虚有德性的高僧。义阳太守阮保对他钦慕不已，常常书信往来，和他成了好朋友，还常常布施接济他。襄阳战乱，他便东下到了江陵长沙寺。

道安法师对众弟子们一一吩咐后，又说："昙翼在江陵长沙寺住持，他那里还比较安全，你们如果没有别的去处，可以去他那里投靠。"

昙翼也是道安的弟子，俗姓姚，是羌人，也有人说是冀州人，十六岁就出家跟随道安法师，从小就以持戒精严著名，又能勤读佛法三藏，所以同门中人多对他非常敬重。昙翼原本也在檀溪寺跟随道安法师，一次，长沙太守滕含将他在江陵的宅子布施出来，希望能建寺弘法，便拜访道安法师，希望法师推荐一个得力的弟子前去总领寺中事务。道安法师想了想，觉得门下昙翼精于持戒，又通晓三藏，完全能胜任，便将他叫来对他说："荆楚的信众们在江陵建寺，希望有法师前往弘法，我门下能宣扬佛法、利益众生的，除了你又有谁呢？"

道安法师的一番话让昙翼备受激励，于是他便杖锡南下，到江陵建立了长沙寺，从此便在那里主持弘法事业，除了苻丕大军侵扰汉水以南的时候，他曾暂时避难上明寺，便一直住在长沙寺，直到八十二岁去世。襄阳战乱后，道安僧团的很多沙门前往投靠，都得到了昙翼的照应。

道安法师是一个心思缜密的人，他在分遣众徒的时候，对弟子们一一教诲，一直叮嘱，唯独到了慧远那里，他一言未发。慧远、慧持兄弟自道安法师恒山立寺后一直追随左右，在众多的弟子中，道安法师对慧远的期望最高，他曾经感慨地说："佛法大道要在中土广为流传，大概就要靠慧远了！"慧远见师父对他什么都不讲，有些着急，便跪下来说："师父对弟子独独没有训诫、勉励的话，难道弟子不配领受吗？"道安法师对慧远笑了笑说："像你这样的弟子，我又有什么好担心的呢？"

慧远这一年四十五岁，他是道安法师手下最为得力的弟子之一，以他的修为，其实早就可以单独立寺弘法了。慧远听师父这样讲，知道师父对他的期望很高，便不再多说，与慧持带着数十个弟子一路南下了。慧远与弟子们先往荆州，暂住上明寺，后来又打算去罗浮山落脚，建立弘法道场，可当他走到浔阳时，发现庐山是一个特别清静的地方，非常适合修行，就决定在庐山立寺弘法。他后来得到西林寺沙门慧永的帮助，求请当地刺史桓伊在庐山东面专门为他建造了东林寺。从此慧远便以东林寺为弘法道场，潜心佛道，三十多年从不曾出山入俗，即便送客，最多也只是以庐山虎溪为界。慧远后来声名远扬，成为一代佛法宗师，成就不在他的师父道安之下。

道安法师是一个非常勤奋的人，在分遣众徒之后，并没有为襄阳城艰苦的攻守战事烦恼，而是很快便恢复了他长期不懈的研读、整理佛经的工作，直到东晋太元四年三月，苻丕攻陷襄阳城，道安、朱序、习凿齿等人全部被俘虏，送到了关中长安（今陕西西安、咸阳附近）。至此，道安法师在襄阳弘法15年后，又回到了久别的北方大地。

第5章

弘化长安

入住五级寺

符坚攻下襄阳，得到道安与习凿齿二人，非常高兴，他对仆射（yè）权翼说："朕用十万大军攻下襄阳，只得到一人半。"权翼听了这话，有点不太明白，便问道："陛下说的'一人半'是什么意思？"符坚解释说："我说的'一人'是道安法师，'半人'就是习凿齿啊。"后来很多人便传言说，习凿齿的才能德性仅算得上道安法师的一半，所以被符坚称为半个人，一时成了不少人的笑谈。其实，符坚所讲"半人"未必是那个意思。据《晋书·习凿齿传》记载，符坚很早就听到过习凿齿的大名，很是钦佩，见面一番交谈后，更是大为欣赏，给了他很多赏赐。符坚还曾给那些藩镇将领写信说："当年西晋攻取东吴，得到的是'二陆'（陆机、陆云），我现在攻破汉南，得到的人只有'一人半'。"照《晋书》的说法，符坚之所以那么说，是因为习凿齿是个跛脚，才那么开玩笑罢了。

道安法师和他的襄阳好友习凿齿一起来到长安，本来也算有个照应，他们在襄阳也有十五年的交情了。不过，习凿齿并没有在长安待多久，他后来便因病向苻坚请求回襄阳去了，而道安法师却在长安城从此住了下来，一直到他去世。

为了迎接道安法师，苻坚特别下令整修了长安五级寺，请他入住，以方便他在此弘扬佛法。五级寺，又名五重寺，很可能因为当时寺内建有一座五重寺塔而得名。这座寺庙位于长安城（今西安市长安区神禾原东麓）南四十里，是一座皇家寺庙，宏伟壮观，庄严肃穆，院落参差迭出，远胜于襄阳檀溪寺。今存有寺内出土金代古碑《苻秦国师塔记》一块，记载了金代兴定二年（1218）重新修建国师塔的情形。《记》文说："府城南有义安院，为秦国师遗迹，寺内有道安洞院，院中有塔，西倚高崖，东眺樊南之景……"五级寺也曾被称作义安院，唐、宋以后又称道安院、道安寺。前秦苻坚对道安法师非常礼敬信任，当时道安法师在前秦的地位相当于国师，所以《苻秦国师塔记》称义安院是前秦国师的遗迹。经过历代沧桑，20世纪90年代以后，在当地信众的捐资筹建下，道安寺这个祖师道场又在原址上得以重建。

自道安法师入住五级寺，北方远近沙门纷纷慕名前来拜师学法，很快五级寺便成为北方弘扬佛法的中心，道安法师在长安的僧团队伍最繁盛时僧众人数多达数千人，声势远盛于在襄阳之时。不过，道安法师也只是像往常一样研读、整理佛经。他到长安后，也仍然保持着以前在襄阳每年开讲《放光般若经》两次的惯例。他把自己在江南研读大乘般若学的最新成果带回了北方，讲给北方的沙门及信众们听，大大推动了大乘般若学的南北交流。

道安法师在五级寺开坛说法，让很多信众得到了佛法的利益，不少信众也因为升起对佛法的信心而剃度出家。道安在长安所收的弟子中，有一个法号叫僧富的人，就是因为听了道安讲法才出家的。僧富本来俗姓山，是高阳人，小时候很穷，买不起蜡烛，为了晚上读书，经常砍柴点火把勤奋读书。前秦将领杨邕看到他那么用功，很感动，便资助他读书。据说，习凿齿也很赏识他，也曾经指导过他。不过，当他听了道安法师所讲的《放光般若经》后，便升起了对佛、法、僧三宝的信心，断然决定出家修行以求解脱，于是便拜在道安法师门下，剃度出家了。说起来，那位资助僧富的杨邕将军后来也拜在道安法师门下出家了。他本来是前秦的一员猛将，武艺超群，曾被封为"卫将军"，后来随符坚南征，淝水一战，符坚大败，前秦士兵死伤无数，很多人家破人亡，杨邕顿时感到一切生灭无常，回到长安便拜道安为师出家了。后来在道安去世以后，他又到庐山拜在了慧远门下，成了慧远的弟子。西域高僧鸠摩罗什入关后，他曾经多次为慧远和鸠摩罗什传送信件。

道安法师讲《放光般若经》最多，一直坚持不懈，他的弟子中也有不少精通这部佛经的，道立就是其中的一个。道立很小便出家跟随道安法师，在襄阳的时候他每年都参加道安法师的放光经法会，多有心得体会。他还擅长用"三玄"，也就是《老子》《庄子》《周易》中的道理疏通讲解《佛光经》，常常能讲常人所不能讲。道立天生喜好清静，不喜欢世俗事务，襄阳战乱，他随道安法师一起入关中，后来便到覆舟山隐居修行，独自住在山林岩壑，不接受信众的供养，可以说是特立独行。道立擅长禅坐，据说经常一坐便是七天。后来有一年，夏天刚到，他突然出山召集僧众说要为他们开坛讲解《大品般若经》，众人都感到奇怪，问他为什么一改坐禅的习惯，突然出山要讲经了呢？他回答说："以我的寿数最多可以活到今年秋天，我要在此之前将平生所学大致讲一下。"后来果然如道立所说，到了秋天他便无疾而终了。这个道立也算得上是一个对道安法师的大乘般若学深有了解的弟子之一。

道安法师入住五级寺后，除了专心研读佛经，持戒修行，有时候也读读外学书籍，偶尔也信手挥洒笔墨，写点文章。这些不过是无心为之的东西，他并没有料到也会被传抄到寺外去，不久后很多士族人士便都知道道安法师不但佛法修行高深，而且饱读诗书、妙笔生花。说来，这对道安法师实在也不算什么，他自幼熟读外学经典，博览群书，有再览成诵的本领，后来虽一心修佛，也还经常涉猎群书，闲暇之余，偶尔写点东西，排遣心绪也是很自然的。虽然今天我们没有见到他有什么诗文传世，不过据《高僧传》记载，道安法师的文章的确写得非常好，住五级寺的时候，有很多大家子弟前来向他请教，当然其中也有不少人其实并非真是好学，不过因为道安法师德高望重，声名远扬，故而想借此附会抬高自己的声誉罢了，道安法师倒也并不在意，他觉得年轻人多闻多识、好学多问总是好事情。

大家都知道道安法师博览多识，所以，不少人碰到解决不了的问题常常会前往五级寺向他请教，请教的问题经常是五花八门，除了诗赋文章之类，有时候甚至还有文字、考古方面的问题。一次蓝田县出土了一尊很大的鼎，容量有二十七斛，在鼎上边刻有一些篆文字样的铭文。当时长安城的很多人前往观瞻，可是没有人能识别那些文字，正在人们饶有兴趣、议论纷纷的时候，有人出主意说："五级寺道安法师见多识广，要不我们将这鼎抬去给他老人家看看吧。"于是众人便将大鼎上的铭文拓写了带到五级寺，请道安法师观看。道安法师仔细看了看那些铭文便说："这些铭文是古篆文，上面说这鼎是鲁襄公时代铸造的。"

道安法师说完，便请人拿来笔墨纸砚，用隶书将鼎上的铭文写了出来。这下在场的人就都能看懂了，众人对道安法师的学问都心悦诚服。鲁襄公生活于公元前 6 世纪，道安法师生活的年代是公元 4 世纪，前后相差将近一千年，鼎上的古篆文应该就是我们现在所说的"钟鼎文"。春秋战国时期，除了秦国篆文和西周文字一脉相承外，其他东方六国的文字大多随地域文化差异各有不同、多有变异，道安法师能识别古篆文，说明他在文字学上也颇有功底。

还有一次，有个人拿了一个铜斛在集市上卖。这个铜斛的样子很特别，正面是圆的，向下呈斗形，上面有个横梁，高的一端是升形，低的一端又是合（gě，古代十合为升）形，横梁的一头又是龠（yuē，容量为半合）形，上面还刻有铭文。当时，苻坚看到这个铜斛，感到很新鲜，从来没见过，便问道安这是什么东西，道安法师回答说："王莽托古改制，说这个容器是大舜时就有的，所以他照样仿造，颁布天下，希望用它来统一天下的衡器制度。"

苻坚所见到的铜斛也就是今天的"新莽铜嘉量"，又称"刘歆铜斛"，是公元 9 年王莽当政时委派国师刘歆设计制造的，收藏在台北故宫博物院，只是形制小有差异。王莽距离道安的时代也有三四百年，刘歆铜斛应该没有多少人知道，《高僧传》认为道安法师所以能认得它是因为他博学多闻的缘故，其实也不尽然。今天我们能看到的刘歆铜斛和道安法师所见铜斛一样刻有篆书铭文，其中详细记载了铜斛制作的缘由，道安法师所以能详细讲出这个铜斛的历来，多半还是得益于他对古文字的精通。

苻坚见道安法师那么博学多识，自然由衷地钦佩。他敕令广大学士无论佛学还是外学，如有疑问，全部到五级寺向道安法师求教。当时京师长安流传着这样的话："做学问不拜道安法师为师，对义理就领会不准。"

统一佛门姓氏

道安法师在长安五级寺做了一件对中土僧人影响很大的事情，就是统一了佛门姓氏。这件事其实倒不是他有意为之。平日也偶尔会有弟子向道安法师问起沙门的姓氏，尤其那些刚刚剃度出家的沙门。道安通常都会一一解答，也并未在意，毕竟姓氏对一个出家人而言不过是一个称呼罢了。

一次，寺中有一个小沙弥又向道安法师问起了这个问题，他问道：

"师父，我们出家人是方外之人，也有姓氏吗？"

"有，不过姓什么不重要。"道安法师回答说。

"那我们都是跟师父姓吗？"

"照例都是这样，师父的师父是天竺人，所以，人家称他竺佛图澄，我也便姓竺，自称竺道安。"

"可是，人家都叫师父释道安啊，您不也自称释道安吗？怎么回事呢？"

出家人需要有姓氏吗？这还真是个有趣的话题。释迦牟尼佛陀在出家前俗名乔达摩·悉达多，他是释迦族人，"释迦"是他的俗姓，属刹帝利种姓，"牟尼"是圣人的意思，后来他证悟成佛，被尊为释迦牟尼，这大致上相当于中土儒家尊孔子为"孔圣人"，看来佛祖也不认为姓氏是个多大的问题，别人沿用俗姓称呼他，他也随缘自便。那个时候，很多的出家人都是这样，佛陀的弟子们像舍利弗、目犍连、阿难陀、大迦叶等尊者，在出家后也都仍然沿用俗名俗姓。最初中土的一些沙门其实也是这样，像严佛调、朱士行等，他们虽然出家，也还是沿用俗家姓名。

中土人一向注重姓氏，初见某人，相互问好，也总爱问对方贵姓，以示尊重。当时有不少西域沙门来中土传法，大概都没少被问及这类问题。不过，那些沙门都是外国人，姓氏和中土并不一样，他们的俗姓即便说了，一般人怕也记不住，或许是因为这个原因，当时的外国沙门大多没有使用自己的俗家姓氏，而是另立姓氏，大致情况有两类。

一种情况是以沙门所出国度作为姓氏，这大概是因为他们到中土最多被问到的除了姓什么就是来自哪里吧，所以久而久之，以国为姓也就成了称呼外国沙门的惯例，比如天竺来的，就称他"竺某某"，像竺法兰、竺佛朔等；康居国来的，就称他"康某某"，像康僧会等；月支国来的，就叫他"支某某"，像支娄迦谶、支谦等；安息国来的，便称他"安某某"，像安世高、安玄等。另一种情形是用佛、法、僧三宝作为姓氏，像佛驮跋陀罗、佛图罗刹等，是以佛为姓；昙摩罗刹、昙摩持、昙摩难提等，是以法为姓；僧伽跋摩、僧伽跋澄、僧伽提婆等，又是以僧为姓。这很可能是那些沙门觉得自己本国俗姓与中土差异太大，既然是出家人，就不妨以三宝作为姓氏，其实这多半也是为了方便与中土人打交道。不过，中土人似乎更多的还是喜欢以国家作为外国沙门的姓氏，比如道安法师的师父佛图澄以佛为姓，但因他是天竺人，别人也叫他竺佛图澄；昙摩罗刹，是月支人，本姓支，他以法作为姓氏，称昙摩罗刹，中土人也叫他竺昙摩罗刹，这样的例子很多。

道安法师的时代出家沙门通常都是跟随师父的姓，他的第一个师父叫什么无法知道了，后来的受业师父是竺佛图澄，自然也就跟着姓竺了，照例应该叫竺道安。他的同门师兄弟，像竺法汰、竺法祚也都是跟着师父佛图澄姓竺的。不过，当时的确很多人都称道安法师为释道安，这样就很容易混淆。据《高僧传》记载，有一部书就说河北有一个竺道安，和释道安齐名，并且说，习凿齿曾经给这位竺道安写过信。《高僧传》的作者释慧皎纠正了这个错误，因为习凿齿写信邀请的就是释道安，他与河北竺道安是同一个人，道安法师本来姓竺，后来才改姓释。那么，当时为什么会有这种误会呢？

道安法师被那小沙弥一问，倒觉得这还真是个问题。他解释说："自依止大和上佛图澄，为师一直就姓竺，称释道安那都是因为习居士的缘故……"道安法师只好将当年在襄阳会见习凿齿的事情又讲给弟子听。当年习凿齿到白马寺见道安法师，自称"四海习凿齿"，习凿齿辩才凌人，出语不凡，道安法师觉得自己既是出家弘法之人，自然称释迦弟子才大气，便借用习凿齿书信中提到的"弥天之云"造句，自称"弥天释道安"。这一对对出了气势，折服了习凿齿，也在江南士人中间一时传为美谈，"释道安"之名从此也便代替"竺道安"，成了道安法师最常用的名号。

"不过，为师还真没有想过，其实沙门的确应该以'释'为姓啊。"道安法师一边向弟子解释，一边若有所思地说道。

道安法师想到自魏晋以来，中土沙门多随师父取姓，各不相同，其实所有的出家人都是宗释迦牟尼佛为师，完全可以统一起来，全部以"释"为姓，这样就不会混乱不清了。于是他便召集五级寺中的僧众们交代说："我们出家人都是佛陀释迦牟尼的弟子，既然惯例弟子跟师父姓，那我们应该都以'释'为姓才对，这样也就不会混乱了。"

从此，五级寺的沙门就都以"释"为姓了。因为道安法师德隆位尊，是海内佛门泰斗，他在所住五级寺实行这个规定后，天下不少寺院僧众也纷纷效法，改姓"释"了。不过，当时还是有不少沙门对此持保留意见，并未立刻更改姓氏。

后来，《增一阿含经》传入中土，其中有这样一段话："佛对比丘说：'四大河入海后，就不再拥有原来的名字，只叫作大海。同样的道理，有四姓，哪四姓呢？刹帝利、婆罗门、长老、居士种，他们到如来这里剃除须发，穿上三法衣出家学道，也不再拥有原来的种姓，只称自己是沙门释迦的弟子……凡谈到生子之义，应当自称沙门释种子才对。为什么这么说呢？凡出家修行的人沙门都由我而生，从佛法起，从佛法成。'"

佛陀在这里讲的四姓是印度的四种姓制度，也就是婆罗门、刹帝利、吠舍、首陀罗，《增一阿含经》所讲略有变化。婆罗门是梵种，是婆罗门教僧侣阶层，地位最高；刹帝利是王族及士族阶层，也称王种，佛经中刹帝利种姓多被列为第一；吠舍是从事农、工、商等平民阶级，也称居士种，居第三位；首陀罗是最下层的奴隶阶层，又称恶种。印度种姓制度森严，不同种姓拥有不同的权利地位，不能随便逾越，可是佛陀主张众生平等，说不管原来是哪个种姓的人，只要出家到了他门下，就是他的弟子，一律平等，没有差别，因为凡出家到佛门修行的人都因皈依三宝而获得新生。

《增一阿含经》所讲种姓的姓并不是一般的姓氏，而是种姓制度的种姓，不过，这里所讲凡出家沙门都应称释迦弟子，他们因信仰三宝获得重生，应当称"沙门释种子"，这些说法都从某些方面为道安法师以"释"为沙门姓氏提供了有力的证据，所以，《增一阿含经》一出，中土沙门纷纷叹服，从此出家沙门姓"释"在中土也就成了规矩，正如我们看到的，自东晋以后，中土沙门就都自称"释某某"了，这个规矩一直延续到今天。

主持译经道场——招揽译经人才

道安法师不但重视佛经的研读、注释，也一直非常重视佛经的访求工作。在襄阳的时候他就曾经委派沙门慧常前往凉州搜寻戒本、佛经，并将搜访到的佛经逐一注释，详加整理。以便佛法在中土广为流传，利益众生。道安法师一直坚持不懈地从事着这项工作，就是在襄阳战乱的东晋太元三年（378）也不曾停止。在襄阳时，道安法师搜访到的佛经大多已被翻译成汉文，所以他那时的主要工作是注释、整理。当他来到长安五级寺之后，因为地域的因缘，他开始大量地接触梵文戒本，有更多译经的方便条件，于是便把这里变成了他的译经道场。

道安法师在长安建立译经道场有着先前在襄阳时没有的优越条件。一方面当时前秦苻坚崇尚佛法，他的秘书郎赵正更是崇仰佛法，对道安法师的译经道场给予了大力的赞助，实际上他在道安法师的译经道场担任着监译的角色，对道安这位译场主有着很大的影响。另一方面，长安距离凉州、西域要比襄阳近得多，交通上也方便得多，尤其当时的凉州佛学发达，佛经翻译也非常繁盛，很多西方前来的游方沙门或者通过携带经本，或者通过背诵，为道安法师的译经道场提供了更多的佛经，所以，道安法师在长安五级寺组织的译经道场规模非常宏大，他在这个时期最显著的成就也是主持佛经翻译。

道安法师的译经道场有一个很大特色，就是其中聚集了很多来自西域、凉州来的沙门，他们大多是在前秦建元年间

（365～384）来到长安的。

僧伽跋澄，他的名字的意思是"众现"，来自罽宾，通习三藏，博览众经，特别擅长与法数相关的佛经，能背诵《阿毗昙毗婆沙》，并且深谙其中所讲妙旨。他喜欢四处游方，一边观览风俗，一边随缘弘化。前秦建元十七年（381），僧伽跋澄来到长安，当时北方大乘佛经流传还不够广，僧众对禅数相关的佛法更感兴趣，僧伽跋澄因为特别擅长阿毗昙学，大受欢迎，被人们尊为法匠。秘书郎赵正早就听说外国沙门多宗习《阿毗昙毗婆沙》，便对僧伽跋澄礼遇有加，多番供养，请他到道安法师的译经道场口诵此经本，将它翻译了出来。僧伽跋澄持戒精严，一丝不苟，脱然离俗，有超拔之气，关中很多沙门对他肃然起敬，多以他为榜样。

昙摩难提，他的名字的意思是"法喜"，是兜佉勒（古国名）人，很小的时候就离俗出家，聪慧早熟，读遍三藏，能背诵《增一阿含经》，博学多识，没有他不懂的学问，在国内外都很受推重。他少年时就游历各国，常常说："应该将佛法弘扬到那些没有听闻过佛法的地方去。"于是他便怀藏佛经，不远万里，穿越大沙漠，在前秦建元年间来到了长安。昙摩难提佛学修为精深，声名远扬，受到前秦皇帝苻坚的礼遇。流传到中土的佛经中，一直缺少《四含经》，昙摩难提便应当时任武威太守的赵正的请求，在道安法师的译经道场诵译了《中阿含经》《增一阿含经》，加上他先前诵译的《毗昙心》《三法度》等经书，共计一百零六卷。后来，后秦姚苌进犯关中，形势危急，昙摩难提才回了西域。

僧伽提婆，他的名字的意思是"众天"，本姓瞿昙，和僧伽跋澄一样，来自北印度的罽宾。他出家以后，到处拜访名师，学通三藏，尤其精通《阿毗昙心论》，对其中的精妙之处

108

多有领悟。他还特别推崇《三法度论》，经常诵习，把它奉为入道的法典。他也是在前秦建元年间来到长安的。他气度俊朗，见识深刻，仪度翩翩，温和谦恭，又能诲人不倦，很受关中信众们的欢迎。建元十九年（383），僧伽提婆应道安法师的同门法和的邀请，译出《阿毗昙八犍度论》三十卷，并与昙摩难提一同协助僧伽跋澄译出《婆须蜜菩萨所集论》十卷。建元末年，发生慕容冲之乱，经数年才安定下来。僧伽提婆与法和召集门徒同往洛阳，研讲经论。僧伽提婆在那里住了四五年，对中土的语言渐渐熟悉，才意识到以前僧伽跋澄诵译的《婆须蜜》、昙摩难提诵译的二《阿含》《毗昙》《广说》《三法度》等很多经本都存在严重错误，有些译本甚至违背了原来经本的意思。法和对以前的疏忽也很感慨，便让僧伽提婆重新诵译《阿毗昙》《广说》等众经。那个时候，道安法师早已不在人世了。不久，法和听说姚秦也非常重视佛法，就再度入关，而提婆则渡江南游，受道安法师的弟子慧远邀请去了庐山。

除了上面提到的三位，还有其他不少西域沙门也是道安法师译经道场的重要人物，像当时车师前部（吐鲁番）王弥第的国师鸠摩罗佛提，罽宾沙门昙摩蜱（pí），西域沙门昙摩持、佛图罗刹等，大致也都是在这个时期先后来到长安的。他们有的带来了新的佛经，有的通晓三藏，擅长诵经，还有些也略通汉语。他们的到来为道安法师建立译经道场提供了巨大的契机，如果没有他们，道安法师的译经道场是难以取得那么大的成就的。

当然，在道安的译经道场中除了外国来的沙门，中土的沙门、信众也很多，其中有两位特别重要，一个是竺佛念，一个是赵正。

竺佛念是凉州人，内心朗澈，相貌温和，年少时便出家为沙门，在修行上志向坚定而刻苦，通达聪慧而有见地，博览众经的同时也能涉猎外学典籍。竺佛念特别长于文字训诂，在这方面很有天分。这可能与他少年时就喜欢四处游历，对各地风俗多有了解有关。他不但洞晓方言，而且对汉、胡语言的音义都非常擅长解释，所以他在义理方面的学问虽然一般，却以博闻多识见称。前秦建元年间，僧伽跋澄、昙摩难提等人来到长安，赵正请求他们诵译佛经，当时僧俗各界有德才的人没有人能胜任翻译工作，众人都一致推举竺佛念，于是僧伽跋澄诵读梵文，竺佛念将梵文翻译为汉语，澄清字句疑难之处，佛经才明了可读。建元二十年正月，赵正又请昙摩难提诵出《增一阿含》及《中阿含》，在长安城内召集有学问的沙门一起参加，还是请竺佛念担任具体的翻译工作，反复分析核对，整整两年才完成。两部《阿含》所以能流传中土，竺佛念功不可没。当时，大家公认自汉代安世高、三国支谦以后，翻译水平没有谁能比得上竺佛念，在苻秦、姚秦两朝，他都是佛经翻译方面的宗师，所以关中僧众对他都非常赞赏。后来又陆续有《菩萨璎珞》《十住》《断结》《出曜》《胎经》《中阴经》等佛经传到中土，竺佛念都一一着手翻译，但刚刚草就，尚未能详加推敲，他却突然生病去世了，当时僧俗各界人士没有不为之叹息的。竺佛念的确是道安译经道场的中坚力量，当时很多佛经的翻译都是经由他的手完成的。

赵正，字文业，是洛阳清水人，也有人说他是济阴人，18岁就做了前秦苻坚的著作郎，后来官至黄门郎、武威太守。赵正长相清瘦，没有胡须，有妻妾，但没有儿女，当时有传言说他是个阉人。他性情机敏，颖悟通达，喜爱佛法，外学经典也无所不读，可谓学兼内外。赵正也是个很清正的人，喜好讥谏朝政，从不回避，苻坚晚年宠惑鲜卑族慕容冲姐弟，荒疏朝政，他就作歌讽谏说："昔闻孟津河，千里作一曲。此水本自清，是谁搅令浊。"符坚听后，知道赵正在骂他晚年没了气节，内心也很触动，他承认说："你说的是朕。"赵正又唱道："北园有一枣，布叶垂重阴。外虽饶棘刺，内实有赤心。"符坚一听便笑了，知道赵正在说自己是个忠臣，便说："你说的不是你赵文业吗?"可见赵正是个机敏的人，就是讽谏也很有手腕。后来关中佛法事业隆盛，赵正本来就喜好佛法，就想出家，符坚惋惜他的才华，没有允许，等符坚死后，他才实现了愿望，出家更名为道整。赵正对道安法师的译经道场贡献很大，因为他特别崇仰佛法，所以对道安法师主持译经道场一直给予大力的帮助。不但如此，当时很多佛经都是因为他极力牵头才得以诵译的，如僧伽跋澄诵译《阿毗昙毗婆沙》《婆须蜜》，昙摩难提诵译《增一阿含经》《中阿含经》，就都出于赵正的极力求请。尤其昙摩难提诵译两部《阿含经》的时候，符坚已经兵败淝水，慕容冲已经背叛前秦，长安一片混乱，如果不是赵正舍身为法，极力周旋，请道安法师在长安城召集佛法高僧聚集一堂，是不可能完成两部《阿含经》的翻译的。所以《高僧传》说："当时，符坚刚刚打了败仗，背叛的战争此起彼伏，到处都是流民百姓，在这种情况下还能诵译两大部佛经，赵正功不可没。"

翻译一部佛经要有很多人配合才能完成。在古代的译经道场，首先，要有佛经翻译的文本，持有经本的人或者能诵经的人，在当时就被称为"译主"。其次要有能通晓梵、汉两种语言，可以将诵出的经文翻译出来的人，这样的人被称为"度主"，如果只是口头翻译，就被称为"度语"，如果是笔译，就被称为"笔受"。从事翻译的人，他们的工作一般可以笼统地称作译、传译等等，单独说"传"，可能主要指口头翻译或解

111

释经义。在道安法师的时代，"笔受"大多是指笔录的工作，有两种，一种负责笔录诵出的梵文，一种负责把翻译出来的内容用汉文记录下来。有时候又会需要通晓梵文的人手持梵文文本，考校、核对翻译人或解释梵文文本的人的译介工作，这被称为"执胡本"。通常度主、笔受、执胡本的工作都需要通晓梵、汉两种语言的人才能胜任。除此之外，翻译佛经还需要核对文字、润色文采的人等等。当时，在道安的译经道场中，翻译工作的情况大致如下：

译场主：道安。

监译：赵正。

从事诵经工作的沙门有：昙摩持、耶舍、昙摩难提、僧伽跋澄等。

从事"执胡本"工作的沙门有：僧伽跋澄、难陀、僧伽提婆、鸠摩罗什提、昙摩蜱等。

从事梵文翻译、解释工作的有：佛图卑、道贤、鸠摩罗什提、佛图罗刹、昙摩持、竺佛念、佛护等。

从事梵文笔受的有：昙无难提、竺佛念等。

从事汉文笔受的有：慧常、昙嵩、慧嵩、慧力、僧茂、敏智、慧进、僧导、昙究、僧睿、昙景、赵正等。

从事校对、核对的有：法和、道安等。

其中有不少沙门可以胜任多种工作，比如，僧伽跋澄既能诵经，也能从事"执胡本"的工作，竺佛念能传译，也能从事梵文笔受的工作，鸠摩罗什提能传译，也能从事执胡本的工作，这些沙门多能通晓梵、汉两种语言。另外，我们可以看到，在道安的译经道场中，从事汉文笔受的沙门，其中很多可能是道安法师特意挑选的一些年轻沙门，他很可能是希望在具体的佛经翻译工作中培养更多的翻译人才。

主持译经道场——组织翻译佛经

道安法师于前秦建元十五年（379）来到长安，建元二十一年（385）去世，其间，在他的主持下，大量的佛经被翻译出来，广惠众生。在这些佛经中，有《十诵比丘戒本》一卷、《比丘尼受大戒法》一卷、《比丘尼大戒》一卷、《鼻奈耶》十卷、《阿毗昙抄》四卷、《四阿含暮抄解》二卷、《摩诃钵罗若波罗蜜经抄》五卷、《鞞婆沙阿毗昙论》十四卷、《阿毗昙八犍度论》三十卷、《尊婆须蜜菩萨所集论》十卷、《僧伽罗刹所集论》三卷、《增一阿含经》四十一卷，以及《中阿含经》《广说》《阿毗昙心论》《三法度论》《二众从解脱缘》等等。道安法师按照往常整理佛经的习惯，为这些佛经都一一写了序言，通过这些序言，我们可以大致了解这些经本的翻译过程，及道安法师对它们的评价。

这些佛经不少是由西域来的沙门背诵出来然后翻译的，比如《十诵比丘戒本》《鼻奈耶》《鞞婆沙阿毗昙论》《阿毗昙八犍度论》《增一阿含经》等。

《十诵比丘戒本》是道安法师到长安的当年主持翻译的。他入关后见到外国沙门昙摩持能讽诵《阿毗昙》，很是赞叹，当他知道昙摩持最擅长的是戒律，能诵《比丘大戒》，就请他诵出了《十诵比丘戒本》，由凉州沙门竺佛念笔录为梵文，由道贤做度主进行翻译，慧常做笔受用汉语笔录经文成卷。这个工作从夏天一直到初冬才完成。《十诵比丘戒本》是一部关于沙门日常衣食住行等细则的戒律经本。原本大家都知道这部比丘戒中规定的"众学法"一共有一百零七条，但不知为什么昙摩持却背出了一百一十条，多出了三条，道安法师觉得昙摩持可能记忆有误，便提出疑问，可是昙摩持坚定地说："我持律一直都是靠背诵，背的时候十条一组，不可能多出来。"后来道安法师发现僧纯从龟兹带来的《比丘尼大戒》里面的"众学法"也是一百一十条，才明白昙摩持的确没有诵错。不过现存的《十诵律》大本也是一百零七条，和道安法师所听闻的情况相合，昙摩持诵《十诵比丘戒本》及僧纯从龟兹带来的《比丘尼大戒》都是一百一十条，多出三条，这很可能是戒本在流传的过程中在有些区域有所增补造成的。

《鼻奈耶》是罽宾沙门耶舍诵出的。前秦建元十八年，鸠摩罗什提和罽宾沙门耶舍一起来到长安。耶舍特别擅长讽诵《鼻奈耶》，"鼻奈耶"就是"律"的意思。道安法师让耶舍背诵律本，鸠摩罗什提记录梵文，竺佛念翻译，昙景笔受为汉语经卷。从正月十二日开始，到三月二十五日完成，刚翻译出来的时候只有四卷，后来在流传的过程中又被改为十卷，内容其实没有什么变化。

这部《鼻奈耶》与普通的律本不同，是一部"大本"，而且是中土翻译出的第一部戒律大本。所谓"大本"是相对于一般的戒本而言的。大本是对戒律的详细记录，包括每一条戒律制定的原因，有没有修改，修改的原因等等；而一般的戒本只是大本的摘录，也就是把大本中某一方面的相关戒律摘录出来形成的律本。因为这部《鼻奈耶》是第一部戒律大本，所以，翻译出这部经后道安法师非常高兴，他说："从此以后，前秦也有一部完整的戒律大本了！"

《鞞婆沙阿毗昙论》，又名《鞞婆沙论》，是一部论，属说一切有部，作者是古印度的尸陀槃尼。这部论是由罽宾沙门僧伽跋澄诵出来的，当时沙门昙无难提做梵文笔受，佛图罗刹传

114

译，敏智做汉文笔受。翻译工作从建元十九年四月开始，到八月底才结束。道安法师所作序文解释说，印度佛教经、律、论三藏，经藏即四部《阿含》，也就是由阿难尊者诵出的十二部经，律藏由优波离尊者诵出，而论藏则出自迦旃延，也就是《阿毗昙》，共有四十四品。这里的迦旃延，也就是摩诃迦旃延，是佛陀的十大弟子之一，议论第一。关于律藏的出处、来源不同，佛教部派的说法也不同，道安法师所讲应该是说一切有部的说法。道安法师说，印度有三位罗汉注释过《阿毗昙》，其中尸陀槃尼的详略恰到好处，最受欢迎。他对尸陀槃尼的这部论也给予了很高的评价，他说："它就像大海，深广浩瀚，就像昆仑山，巍峨高深，蕴藏着无数的奇珍异宝，在这部经书中，有什么是你找不到的呢?"阿毗昙学，也称阿毗达摩论，它的确渊深精奥，对佛法的宣说详细精致，是佛法修行的进阶之论，如果不了解它，则对佛经中佛陀所讲之法的理解往往是很肤浅的。

《阿毗昙八犍度论》也是一部关于阿毗昙学的著作。所谓"犍度"是指佛经、论书的章节。这部论是说一切有部论师迦旃延尼子所著，所以又名《迦旃延阿毗昙》。这部论由僧伽提婆诵出，竺佛念翻译，慧力、僧茂笔受。翻译工作从前秦建元十九年四月开始，到十月结束。这部论在印度影响非常大，被称为"有部身论"，也就是有部理论体系的基础之作，当时印度沙门莫不祖述这部经论，道安法师也认为这部经论广博、精要而深奥，不过道安法师在《阿毗昙序》文中误将这部论的作者迦旃延尼子当作了佛陀的十大弟子之一的摩诃迦旃延，其实作者是印度说一切有部的一个论师，并非佛陀议论第一的弟子摩诃迦旃延。

《增一阿含经》是四部《阿含》之一。以法数为核心线索讲经的经书，一般从"一法"讲到"十法"就结束了，这部经从"一法"一直讲到了"十一法"，所以叫作《增一阿含经》。这部经由昙摩难提诵出，竺佛念传译，昙嵩笔受。昙摩难提完整地诵出了上部二十六卷，但下部十五卷背诵得不够完整，有部分内容遗忘了。翻译从前秦建元二十年夏天开始，到第二年春结束。这部经翻译完不久，道安法师就去世了。这部经后来又由沙门僧伽提婆重新诵译了一遍，共五十一卷，现在《大藏经》所保存的《增一阿含经》是僧伽提婆诵译的。

在道安法师主持翻译的佛经中还有一些是由一些传法、求法的沙门从西域、凉州带来的，像《尼受大戒法》《教授比丘尼二岁坛文》《比丘尼大戒》《阿毗昙抄》《四阿含抄》《摩诃钵罗若波罗蜜经抄》《尊婆须蜜菩萨所集论》《僧伽罗刹所集经》等。

《尼受大戒法》《教授比丘尼二岁坛文》《比丘尼大戒》三部经是到西域龟兹求法的沙门僧纯、昙充带到长安的。《尼受大戒法》又称《授大比丘尼戒仪》，顾名思义，这是一部关于比丘尼受戒仪式的佛经。《教授比丘尼二岁坛文》主要讲从"受坐"到"嘱授"等一系列杂事，道安法师认为这些虽属杂事，但也都是很重要的，如果给人家当师父，却不懂得这些，也会误人子弟。《比丘尼大戒》是与《比丘大戒》相对应的规定比丘尼应遵守的"众学法"。据说，当沙门僧纯得到这部戒本的时候，龟兹佛教领袖佛图舌弥开始并不同意让它流传到中土，经过僧纯苦苦哀求，佛图舌弥才答应。道安法师知道此事后，曾经感慨地说："佛法流传到中土已经有五百多年了，到如今才有了《比丘尼大戒》，那些外国沙门也太难为人了。"这三部经都是前秦建元五年十一月译出的，《尼受戒大法》《教授比丘尼二岁坛文》这两部经是由擅长诵律的沙门昙摩持与佛图卑联手翻译的,《比丘尼大戒》则是由昙摩持与竺佛念联手翻译的。

《阿毗昙抄》《四阿含抄》是鸠摩罗什提于前秦建元十八年来长安的时候带来的。《阿毗昙抄》是阿毗昙论学的摘抄。《四阿含抄》又名《四阿含暮抄解》,但它其实不是单纯对《阿含经》经文的摘抄,而是对《阿含经》经义的论释,所以也是一部论。道安法师很早就听说过这两部书,非常仰慕,所以当鸠摩罗什提奉献出它们后,道安法师当年就组织人翻译,夏天译出《阿毗昙抄》,冬天又译出了《四阿含抄》,不过,后者并非在长安译出的,而是在邺都译出的。

前秦建元十八年八月,道安法师到邺都拜祭他的师父佛图澄,也带上了鸠摩罗什提、竺佛念、佛护等沙门,让他们在邺都翻译《四阿含抄》,翻译工作在当年十一月完成。道安法师照例为它写了序,他说:"阿难在诵出十二部经后,又从中撮其法要结为《四阿含暮》,与阿毗昙及律并为三藏。"他还高兴地说:"一年中有了两部藏。"不过,道安法师这样说是不恰当的,因为《阿毗昙抄》《四阿含抄》都是后来论师所著,并不属于"三藏"。可见,在道安时代人们对律、经、论的区分有些模糊,他们经常把传入中土的那些论师所写的与佛经相关的著作也笼统地称作"经藏"。不过不知为什么他会将《四阿含暮抄解》说成是阿难所作,这部论现在一般认为是印度沙门婆素跋陀所作。

《摩诃钵罗若波罗蜜经抄》的由来是这样的。前秦建元十八年,西域车师前部王弥第来前秦朝贡,国师献上一部胡本《大品经》。这是一部大乘般若经,道安法师在序文中提到这部《胡大品》称一共有二万颂,一颂三十二音节,于是道安法师就让人进行了计算,发现只有一万七千二百六十颂,还残缺二十七个音节，实际字数和所称字数并不相符，不知道是不是因为所称字数只是约数的缘故，不过由此可见道安法师对经本严肃、务实的态度。道安法师对大乘般若学一向非常重视，在入关中以前，他就曾详细研读、注释过另外两部大乘般若经，也就是《放光般若经》与《光赞般若经》。这两部经都是《般若经》大品，算是同本异译，但《放光般若经》在翻译的时候删略比较严重，《光赞般若经》才算得上是真正的全本。这次又有了一部胡本《大品般若经》，道安法师当然很高兴。不过，这次他翻译胡本大品的时候，采取了对照翻译的办法，凡是与《放光》《光赞》两部经相同的内容，就不再翻译，而《放光》《光赞》两部经的原译者遗漏没有翻译的，则从新得胡本大品中译出一一补正，那些与以前两部经内容不同又难以判断正误的，也翻译出来，加以说明，这些内容都直接依附在原来已经翻译的两部经文的相关部分上，共有四卷，除此之外，又有内容差异较多的经文，翻译后另外单独作为一卷，前后共五卷，最后结成《摩诃钵罗若波罗蜜经抄》，所以，这部《摩诃钵罗若波罗蜜经抄》只是一部补充《放光》《光赞》经的摘抄性质的经本，必须参阅后两部经才能阅读，不过它早已亡佚不传了。

《尊婆须蜜菩萨所集论》《僧伽罗刹所集经》两部佛法论著是由罽宾沙门僧伽跋澄带到长安的。前秦建元二十年（384）三月到七月间，由竺佛念传译，僧伽跋澄、僧伽提婆、难陀执胡本，慧嵩笔受，将它译出。《尊婆须蜜菩萨所集论》是说一切有部论师婆须蜜所作，讲的是说一切有部的一些基本理论。据《大唐西域记》说，这个婆须蜜早已修行到可以成就阿罗汉果的境界，但他却没有证果。当时，胁侍比丘遵从迦腻色迦王之命造了三藏《邬波第铄》，召开法会，婆须蜜也来参会，已证罗汉果的沙门向他发难，问他是不是真的可以证得罗汉果。当时，婆须蜜手中正好有一个小线团，便对他们说："我现在把这个线团抛上天空，不用等它落下来，我就可以证得阿罗汉果。"说完，便把手中的线团抛了上去，可是天神却接住了线团，对他说："您要继承弥勒，成为一代佛陀，为三界之尊，利益众生，为什么现在要证得这样的小果位呢？"那些罗汉见了这一切，立刻向婆须蜜道歉，请他做上座法师，有什么疑问，就向他请教解决。当然，这种说法和今天南传佛教的佛法教义是很不相同的。按南传三藏，佛教修行的最高果位是四果阿罗汉，佛陀的智慧、神通虽然远远高出一般无学圣者，但他的果位也是阿罗汉，佛陀在证悟成佛前被称为菩萨，只是一个普通人。僧伽跋澄带来的另一部梵本《僧伽罗刹所集经》，著者是古印度沙门僧伽罗刹，这部佛法著作主要讲述的是与佛陀有关的本生故事，也是在同一年翻译出来的，由竺佛念翻译，慧僧笔受，道安、法和等校对，十一月三十日完成。当时正值符坚兵败，慕容冲攻打长安，道安法师仍然率领众沙门致力于佛经翻译，这是非常不容易的。

佛法如大海，经论浩瀚，道安法师入关主持译经道场的时候，已经是古稀之年的老人。他一面勤奋地从事佛经翻译，孜孜不倦，一面也难免感慨。他在《四阿含暮抄解序》中说："到了七十多岁才遇到这部经，真是令人遗憾啊！怕是没有时间细读了，除非能再多活几年，也许那样就没有什么大的过错了吧。"他在《婆须蜜集序》中一面对婆须蜜高深的经论非常推崇，一面又不由感叹："每当寻味这位大法师的高论，未尝不连吃饭都忘了滋味。遗憾的是到现在才有机缘见到这么高深的经论，恐怕时日无多，无法穷尽其中妙处了。"

主持译经道场——探讨翻译理论

近代思想家、翻译家严复先生曾经提到翻译有三难，就是信、达、雅，林语堂先生也曾提出翻译方面的三个标准：忠实、通顺、美。这是说翻译的第一层标准是信实，也就是要忠于原来的文本，不能背离作者原来的意思，简单地说，首先要翻译对，不能乱来。第二层的标准要高一点，是说在翻译正确的前提下应该努力达到通畅易读，艰涩不通的译文效果并不好，因为翻译的目的在于让人读，如果不好读，就达不到这个起码的目的。第三层的标准最难，是说翻译在通畅的基础上要寻求文采，给人以美的享受。

道安法师主持翻译了那么多佛教经、论，自然也会碰到翻译的标准问题。在刚到长安的那一年，他主持翻译《比丘大戒》，昙摩持诵，道贤翻译，慧常笔受。在翻译的过程中，道安法师觉得这部戒本对戒律陈述循环往复，重复的内容太多，便对担任笔受的慧常说："戒本的有些内容明显是重复的，你把那些重复部分删去吧，那样还显得简洁不繁。"

可是慧常听到道安法师这么说，立刻避席退让，向道安法师提出了反对意见，他说："绝不可这么做。戒乃是佛陀亲自制定，四双八辈圣弟子们对它都像珍宝一样重视、遵守，所以一直口耳相传，哪怕一句话违背了戒律，也会受到惩戒，外国沙门持律一向如此。我们中土的《尚书》《河洛》等经典，文辞非常质朴，但出于对先王法言和上天之命的敬畏，从没有人敢随便改动，这也是古圣贤们所珍视的，为什么到了佛陀的戒律，我们为了能让它与本土的语言习惯相符合，倒敢妄自改动了呢？这么做怕会违背'四依'之教。我觉得与其寻求文辞巧妙，宁可遵守雅正的原则。我们将佛经翻译成汉语，有些人都认为不妥，主张应该直接学习梵文，读原文，希望法师不要为了修饰文采而删削经文。"

在场的人都觉得慧常的说法很有道理，道安法师也觉得自己提出删削经文有些不妥，于是尊重慧常的意见，没有删削经文，保持了戒本原来的那种反复叙述的风格。今天所见南传三藏还是这种风格，比如佛陀在一部经中如果要讲眼、耳、鼻、舌、身、意六识，与其外缘色、声、香、味、触、法六尘的关系，他会从眼识和色的关系详细讲起，然后再依次一一对应地详细讲解。这种讲解前后的语句结构和章节结构往往非常类似，但佛陀不会因为前后要讲的内容很类似，简单地用一句"其他以此类推"之类的话概括过去，如果六对关系内部又需加以详解，也还是一一解释，不嫌繁复。佛陀的说法可谓苦口婆心，可是这种风格却是特别喜欢简单明了的中土人士所不喜欢的。道安法师想删减戒本重复的内容是可以理解的，但慧常提到佛经的严肃性，也提醒了一向对佛法一丝不苟的道安法师，得到了他的认同。道安法师后来在这部经的序文中说："以前翻译出来的佛经，有些读起来风格简约、精练，都是兑了水的葡萄酒罢了。"这说明，道安法师很清楚那些符合中土人口味的佛经并不是原汁原味的佛经了，都经过了较大的删改、润色。

其实，在道安法师之前，中土人士在翻译佛经问题上就曾经发生过辩论。东汉、三国以来，佛经翻译上一直有两种颇为对立的倾向，一种主张直译，一种主张意译。汉代的安世高、支娄迦谶翻译佛经都倾向于直译，安世高通晓汉语，对中土文化非常了解，但他翻译佛经但求文从字顺、义理明晰、风格简明而不华丽；支娄迦谶的翻译更是不求文采，不假修饰，对不好翻译的地方他又多采用音译的办法来处理，所以他翻译的佛经不是很好读。三国时的沙门支谦是在中土生长的月支族后裔，有深厚的中国文化修养，他的翻译和安世高、支娄迦谶很不相同。他在翻译佛经的时候会考虑中土人的语言习惯，以义理为主，有时会删削繁复的内容，辞才文雅，颇有文学性。但支谦的这种翻译方法，在当时也有不少人反对，认为难免会违背佛经原本的旨意。

《出三藏记》中有一篇《法句经序》，也涉及对佛经翻译原则的讨论。这篇序的作者已不可知，有的学者认为就是支谦。序文记载，在三国吴黄武三年（224），天竺沙门维只难、竺将炎二人来到中土的武昌。序文作者从维只难那里得到五百偈本《法句经》，便邀请擅长天竺语的竺将炎翻译，但竺将炎汉语水平比较差，他在翻译这部《法句经》的时候，有时候用胡语翻译，有时候根据经义采用音译，风格近乎质直。序文作者有些不满意，认为译文不够文雅，可是一起翻译的维只难却说："翻译佛经，应当令语言明白易懂，不失本来旨意，就是最好的。"当时，很多在场的人也都认为，老子曾说过"美言不信，信言不美"，孔子也说过"书不尽言，言不尽意"的话，佛经翻译最重要的是能达意，经文翻译平实简明没有什么关系。最后这部《法句经》还是依据因循经文旨意、不加修饰的原则翻译了出来，翻译中碰到无法解释的地方就阙而不译。

从整体上看，从东汉到道安的时期，中土佛经翻译中直译一直是主流，道安法师主持翻译的佛经基本上也是以直译为原则。不过道安法师在翻译的问题上有一些特殊的想法，他提出了所谓"五失本，三不易"的说法："将梵文翻译成汉语，在五个方面会失去文本原来的面貌。第一，梵文多用倒装句，翻译成汉语，就得全倒过来，这是一失本。第二，梵文经本风格质朴，中土人喜好文采，翻译过来要适合中土人的口味，必须要有文采，这是二失本。第三，梵文经本叙述详细，以至于反复咏叹，一遍又一遍，不厌其烦，现在翻译要删削，这是三失本。第四，梵文经本在讲法结束处有总结语，很像中土辞赋的'乱辞'，其实还是前面已经讲过的内容，没有什么差异，这些如今也删除不留，这是四失本。第五，梵文经本一次说法结束，要开始第二次说法，还要回顾前面所讲的，复述完了旧的内容才开始新的，现在把这些重复的也删去，这是五失本。……佛陀说法是根据当时实际情况讲的，如今时俗已经变化，应该删掉那些雅古的内容，以适应今人的习惯，这是第一个不易……要把千年以前佛陀所讲的微言大义传达出来适应生活在今天的人们，这是第二个不易。阿难诵出经藏的时候，离佛陀活着的时候没多久，大迦叶尊者又让五百大阿罗汉审定了阿难诵出的经典。我们今天离佛陀的时代已有上千年，却用今天人的想法揣测佛经的思想。那些阿罗汉尚且都兢兢业业，而我们这些未脱离轮回生死的人竟然这样平平常常地看待佛经，难道是不知法的人反而更勇敢吗？这是第三个不易。翻译佛经要涉及五失本、三不易，怎么可以不谨慎呢！"

"五失本，三不易"，是道安法师在他所写《摩诃钵罗若波罗蜜经抄序》中提到的。其中"五失本"中，第一点涉及语言表达习惯，第二点涉及语言风格，其余三点涉及的都是删除重复；"三不易"，第一点涉及删除过时内容，其余两点都是涉及佛经领会的艰难，不直接涉及翻译的操作方法问题。应该说在涉及具体的翻译操作方法的问题上，第一点，因语言表达习惯造成的所谓"失本"是无可厚非的，甚至是翻译所必需的；第二点，应不应该改变原来文本的语言风格，这个可能会有争议；第三点，删除译者认为原来文本的重复、不合时宜的内容，这属于对所译文本的改动，应该是不符合翻译的基本准则的。

经常参与道安法师译经道场的赵正也主张直译。前秦建元十九年（383），道安法师主持翻译《鞞婆沙论》的时候，赵正提出了自己的看法，他说："《尔雅》有'释古''释言'，都是解释古今语言不同的。过去翻译佛经，常常嫌梵文质简，于是改动文字来适合中土人的习惯，这一点我不能赞同。为什么呢？我们之所以把梵文翻译成汉语，是因为我们不懂梵文，又想知道它讲的是什么，那又何必嫌弃文字质朴呢？文字质朴是时代造成的，千万不要因此而随意改动文辞。佛经文辞质朴，自古如此，自有它的原因，对翻译的人来说，把经文原有的意思翻译出来，那才是他的责任。"

赵正的观点不知道是不是针对道安法师的"五失本，三不易"的说法提的，但他明确反对改变经本原来的语言风格，认为佛经翻译最重要的是传达出它所包含的义理，不应该为了迎合本土人喜好文采的习性而改变它原来的质朴风格。

上面提到的佛经翻译中的争执，主要涉及的问题是直译和意译的取舍问题。一个文本从一种语言转换成另一种语言，效果差别很大，读起来不一定习惯，这不仅是赵正所说有时代的原因，其中更多的是文化方面的差异造成的。所以翻译完全直译是行不通的，还必须有意译的辅助。其实，直译和意译本身并不矛盾，直译更强调对原来文本的尊重，意译更强调翻译的效果。严格地说，意译是直译的提高，也是以尊重所译义本为前提的，不可以脱离所译文本，否则就难免任意，成了乱译，而直译也不可能绝对不考虑变通，否则只能是死译而不是直译。

但道安法师和支谦所碰到的问题还不仅是直译和意译的问题，因为他们在翻译的取舍上还涉及是否可以删削文本的问题。删削文本已经是对所译文本的改动，而不是意译的问题了。从尊重所译文本的角度讲，这种做法显然是不合适的，我们在翻译一个文本的时候，可以通过直译、意译相结合的办法努力调整词语、语句的表达，使它符合本土语言的表达习惯，甚至可以润色辞采，但却不可以在内容上随意增删，因为这已经远远超出了翻译的技巧问题，而是对原来文本的改动了。

　　虽然道安法师在《摩诃钵罗若波罗蜜经抄序》中提到了删削佛经重复内容的主张，但他的这个主张在具体的佛经翻译中并没有真正实施。他本人对佛经的态度是很严肃的，并不认为可以随意改动佛经作品的内容。前秦建元十九年，道安法师主持翻译《阿毗昙八犍度论》，由罽宾沙门僧伽提婆诵出，沙门竺佛念翻译，可是等翻译工作结束的时候，道安法师发现僧伽提婆在诵经的时候加入了不少自己解释的语句。他觉得这是龙蛇同源，鱼目混珠，绝不可以这样做，于是便令僧伽提婆重新背诵全部经文，夜以继日，不敢懈怠，整整花了四十六天，才重新整定了这部经论的翻译，除了必须保留的解释之外，凡是僧伽提婆自己加入的内容全部删除，共计有四卷之多。由此可见，道安法师在具体翻译佛经的时候是非常严肃认真的，他虽提出过删削佛经重复内容的主张，但并不允许随意增删佛经的内容。

　　佛经翻译是一件非常艰难的工作，道安时代的译经工作也还处在不断探索的阶段。道安法师主持翻译完《增一阿含经》后，曾很骄傲地说："两部《阿含》（《中阿含经》《增一阿含经》）一百卷，《鞞婆沙》《婆须蜜》（《尊婆须蜜菩萨所集论》）、《僧伽罗刹传》（《僧伽罗刹所集经》），这五部大经是自佛法传入中土以来非常优秀的佛经翻译之作。"

可是，他却没有想到，后来释道慈却在《中阿含经序》中批评说："《中阿含经记》云：'过去释道安法师在长安主持翻译《中阿含》《增一阿含》《阿毗昙》《广说》《僧伽罗叉》《阿毗昙心》《婆须蜜》《三法度》《二众从解脱缘》。'这些翻译的佛经、律本有一百万多字，全都违背了文本原来旨意，名不副实。"

释道慈的批评有些过于偏激，不过，道安法师的时代，人们对佛法的理解还存在着不少误解，佛经翻译人在翻译上也还不够熟练，翻译不能完全忠实于佛经文本那是难免的。然而，通过了解道安法师在长安主持译经道场的情况，以及他们在翻译方法上的争论，我们今天仍然可以深刻地体会到译经初期那种探索的艰辛。

整饬僧团戒律、仪轨

在家人要遵守社会规范、法律，出家人也有出家人要遵守的戒律。在三藏圣典中，"经藏"有佛及弟子、天人等不同人的讲说，而"律藏"则"唯佛所制"。佛教有戒、定、慧三学，以戒为第一，戒是佛法、僧团的生命。三国魏嘉平二年（250），印度沙门昙柯伽罗在洛阳白马寺译出了《僧只戒本》，并召集僧众立羯磨受戒，这是中土依据羯磨受戒出家的开端，沙门朱士行是中国第一位受具足戒的比丘。"羯磨"是梵文"karma"的音译，意为业或办事，指佛教中按照戒律规定处理僧团事务的一种集体活动方式。《慧苑音义》说："羯磨就是'办事'，是说诸法事由此方式而办成。"一般来讲，羯磨必须具足四个条件才能成立：第一个是"法"，就是举行法事活动所依据的法，羯磨需依法而办；第二个是"事"，或是犯罪之事，或是忏悔之事等，指羯磨所行的事实；第三个是"人"，举行羯磨需要具备的人数；第四个是"界"，举行羯磨处需要做结界。这些规定又都有具体的含义，这里不一一介绍。

东汉时佛法就已传入中土，但开始还没有多少汉人出家，后来随着中土出家为僧的人越来越多，戒律就成为一个大问题，因为僧人、僧团生活如果没有戒律可依，不但会出现污损佛教的事，而且出现了这样的事情，都不知道该处以什么惩罚。道安法师的师父佛图澄是有部高僧，非常重视戒律和阿毗昙学，道安法师早年跟随佛图澄在邺都修行的时候，也曾经跟他学习过戒律，但未能细究。他在《比丘大戒序》中说："我过去在邺都跟随大和上的时候，曾经稍稍学习戒律，但没有来得及细究就碰到战乱，每每想起此事，常常恨恨然不能自已……"

从道安法师的话中可以看到，他对自己早年没有能跟从师父好好学习戒律是非常后悔的。道安法师在襄阳的时候，僧团队伍就已经非常大，估计当时他在主持僧团事务的时候碰到的违背佛法戒律的事情也不会少，他当然得考虑规范僧团生活的问题，就是处理犯错弟子也得有律可依才行啊。道安法师在襄阳时曾经派凉州沙门慧常西行凉州寻访戒本，应该与此有关。不过，当时慧常在凉州没有找到与戒律有关的佛经，而是帮他找到了不少大乘般若学的佛经。那个时候，道安法师经常感慨不已，却没有什么办法。他在《渐备经十住梵名并书叙》中说："听说大戒有五百条，不知戒本为什么没有传入中土？这真是最令人着急的事情！四部戒律不具备，对佛法教化是巨大的亏损。"

据《长阿含·游行经》记载，佛陀入灭后，那些没有解脱的弟子对导师的离去非常忧伤，可一个叫跋难陀的比丘却高兴地说："那位大长老去世很好啊，他在的时候，经常拿戒律来约束我们，如今他不在了，我们终于自由了，可以想干什么就干什么了。"大迦叶尊者知道后，觉得应该适时结集佛陀所说法教，于是便召集五百大阿罗汉举行结集，最先由持戒第一的优波离尊者诵出的便是律藏。律藏在后来的持诵流传中形成了五部，它们分别是：《四分律》《十诵律》《僧只律》《五分律》《解脱律》。这五部律，中土仅传译了前四部，也就是道安法师所听闻的四部戒律。这四部律来源比较复杂，并不属某一个特定部派，《十诵律》属说一切有部所传律藏，《僧只律》属大众部所传律藏，《五分律》属弥沙塞部（化地部）所传律藏，《四分律》部派归属有些争议，有人认为属上座部系统法藏部所传戒律，也有人认为当属大众部。三国时沙门昙柯伽罗译的《僧只戒本》属《僧只律》体系，属大众部所传戒律。

道安法师对中土沙门缺少戒律可依一直耿耿于怀，自然非常重视对戒律文本的搜访。相传他曾经得到一本梵文戒本，名叫《大露精比丘尼戒》，当时正值北方战乱，他率领僧团南下避难的过程中也携带着这部戒本，不曾丢弃，因为一直找不到能翻译的人，后来随他辗转南北，又把这部梵文戒本带到了长安，这时他才找到懂梵文的人来鉴定，可是人家一看，便告诉他说："这哪里是什么戒本？只是一匣药方罢了。"道安法师因为不懂得梵文，闹了个笑话，可从他将误以为是戒本的一匣梵文药方保存在身边二十多年未曾丢弃来看，他对戒律有多重视就可想而知了。

襄阳陷落后，道安法师来到长安，这里有很多来自外国的沙门，他们或随身携带梵文经本，或能背诵梵文佛经。道安法师碰到能诵律的沙门，都会很重视，让他们诵译出来。到长安的当年，他遇到善于诵律的昙摩持，便立刻让他诵出了《十诵比丘戒本》，僧纯、昙充带到长安来的《尼受戒大法》《教授比丘尼二岁坛文》《比丘尼大戒》三部经，也在当年就被译出，由此可见他对戒律的渴求心情。道安法师当时曾感慨地说："世尊所立教法有三，一是戒律，二是禅定，三是智慧。这三样是修行佛道、证悟涅槃的必由之路……然而它们在施用上有一定次序，无论在家信众，还是出家沙门，都应该以戒为基础。为什么呢？人的形体是修行的基本条件，哪怕有一瞬间的不恭敬心，也是对戒律的怠慢，对戒律心怀怠慢，而想不入三恶道，前所未闻，所以如来将戒列为三藏之首。"

他在谈到外国沙门的诵戒羯磨制度时，言辞间也流露出深深的钦慕之情，他说："外国沙门重视戒律，每寺都建有诵戒持律的制度，僧众们每个月（印度僧团诵戒实则每半月一次）都做羯磨举行诵戒活动，诵戒当日彻夜达旦，自我检举，相互监督，犯戒必按戒律处理。"

前秦建元十八年（382），道安法师见到善于诵律的罽宾沙门耶舍，又让他诵出了整部《鼻奈耶》，这是中土第一部戒律大本。当时，道安法师高兴地说："从此以后，前秦也有一部完整的戒律大本了！"道安法师对戒律的态度非常恭敬，也非常严肃，他在主持翻译《中阿含》与《增一阿含》的时候，发现这两部《阿含》中"往往有律语"，便在序文中谆谆教导说："在印度戒律是不能给沙弥和在家人看的，自今以后，我们应该对两部《阿含》中的相关律语也细加护持，要像对待戒律一样对待它们。戒律在中土是最应给予重视的事情！……如果沙门中有轻视戒律不以为然的，那只要是和我同道的人，就请鸣鼓而攻之！"

"鸣鼓而攻之"是孔子的话。再有是孔子很器重的一个弟子，他长于政治，又善于理财，受到季氏的重用，做了季氏家的总管，便替季氏进行田赋改革，聚敛财富。孔子听说以后，非常生气，便对弟子们说："他不是我的弟子，你们可以鸣鼓而攻之了！"道安法师这里这样讲的意思是说，如果有人轻忽戒律，违背戒律，那么人人都应该起来讨伐他。道安法师之所以那么重视戒律，就是因为戒律是沙门立身行事之本，没有戒律的时候盼有戒律可依，如果有了戒律却不能依戒行事，那戒律岂不形同虚设吗？所以，佛教一向讲以戒为师，以法为师。

　　说到这里，有一个小故事很能说明道安法师对戒律的重视。襄阳战乱之际，道安法师曾经第二次分遣众徒，他的弟子有不少被分派到江南各地弘法，弟子法遇便到江陵长沙寺弘法。法遇颇有声名，受业弟子有四百多人。一次，寺中一个僧人犯戒喝了酒，晚上还误事忘了给佛堂大殿烧香，法遇知道后虽然对这个僧人进行了处罚，却没有依照戒律要求将他逐出僧团。远在长安的道安法师听说这件事后，便将一根荆条装入竹筒，亲手封好，寄给了江陵的法遇。法遇收到竹筒，打开一看，心中一颤，说道："这是因为那个破戒饮酒的僧人啊。我对弟子在戒律上管教不严，让远在他乡的师父忧虑了！"于是法遇便让执事僧鸣钟召集全寺僧众，把竹筒放到香案上，率众上香礼拜后，他从僧众中出来上前对着竹筒致敬，便伏在地上，让执事僧用荆条抽打自己三下，以示领罪。然后才将荆条重新放回竹筒，流着眼泪忏悔自责。此事传出以后，海内僧俗各界人士对道安法师严于守戒的态度都感慨嗟叹，沙门纷纷励节修行，俗家信众也对佛法更加充满了信心。

　　除了通过翻译整理戒本，使僧团有戒律可依，道安法师还根据中土的实际情况，制定了僧团的很多具体行事规范，这些规范主要是僧团集体活动的时候需要遵守的一些具体仪轨。据《高僧传》记载，这些仪轨条例都包含在道安法师所创制的《僧尼轨范》《佛法宪章》中，主要有三科：第一科，行香、定座、上经、上讲法；第二科，常日六时行道、饮食、唱时法；第三科，布萨、差使、悔过法。第一科主要涉及在举办法会、拜佛礼佛、开坛讲法时候要遵从的一些仪轨；第二科主要涉及沙门在日常修行时，一日六时（晨朝、日中、黄昏、初夜、中夜、后夜）应该遵从的具体行为规范；第三科主要涉及僧团戒律生活的一些制度。道安法师所以制定这三科条例规范，本来只是为了在自己所领导的僧团中，可以借此严肃僧团生活，严格戒律持守以及规范僧团法事活动，但因为道安法师德高望重，他所制定的这些仪轨条例影响非常大，后来就传遍天下寺院，成了中土各地寺院共同遵从的仪轨了。

金舆谷会法友

前秦建元十八年（382），年逾七十的道安法师感到自己的身体日益衰老，加上他不辞辛苦，夜以继日地主持译经道场，精神也远不如从前。这段时间他经常想起自己当年在邺都跟随大和上佛图澄学法的那些岁月，还有他的那些同门师兄弟。如今大和上早已不在了，他的同门师兄弟们，竺法汰还在江东弘扬佛法，早已是鼎足一方的高僧大德；法和本来在蜀地弘化，也颇有成就，后来听说他被苻坚掳至关中，便也追随他来到长安，住在阳平寺，现在法和经常在他的译经道场中帮帮忙；还有一位就是竺僧朗了，他现在住泰山金舆谷修行。

道安法师很想在晚年再一次前往邺都拜祭大和上佛图澄，

顺便到金舆谷会会自己的同门师兄弟，于是便在这一年的八月，在法和等人的陪同下来到了邺都。这次与道安法师同行的还有鸠摩罗什提、竺佛念、佛护等沙门，道安法师让他们在邺都翻译了《四阿含抄》，这项工作到当年的十一月才完成。

自前燕光寿四年（360，东晋升平四年）道安法师率众逃离邺都，至今已有二十三年了。在法和等人的陪同下，道安法师又一次前往拜祭了他的师父佛图澄，这也是他最后一次拜祭他的师父。他还清楚地记得他上次离开邺都前拜祭师父的时候自己还不足五十岁，如今却已垂垂老矣，人生真的如佛陀所说，就像一部车子，用着用着就破损了，不能用了，纵是修修补补还能再用一阵子，也终究是要彻底垮掉的，生命的苦往往越是到暮年越容易觉察得清楚，而且一日比一日清晰……

道安法师在安顿好邺都的译经工作之后，便在法和等人陪同下前往泰山金舆谷去了。自当年石氏之乱，佛图澄众弟子撤离邺都，道安法师与法和已经有三十多年没有见过他们这位同门师兄弟了。

竺僧朗，俗姓李，京兆（今陕西西安西北）人，从小出家，跟随佛图澄修行，与道安、法和是同门师兄弟。竺僧朗博通佛经，年轻时像道安法师一样喜欢游方问道，曾在关中开坛讲《放光般若经》。竺僧朗有一些神通，曾与寺中几个沙门一起出行，在半路上突然告诉他们说："好像有人在寺中要偷窃你们的衣物。"众人听说，便立刻赶回去，发现果然有人正在行窃，幸亏他们及时赶回，不然东西就被盗走了。他经常能这样提前预知一些事情，让众僧吃惊不已。

前秦苻健皇始元年（351），竺僧朗与沙门僧湛、僧意等来到泰山，在泰山西北方的金舆谷昆仑山建立了寺院。寺院依山而建，宏伟壮丽，慕名前来拜师修行的人多达百余人。金舆谷原来有很多老虎为患，行人到此，就是大白天也得带着棍子，成群结队才敢通过，等竺僧朗来这里建寺，猛虎也不敢出来作乱，只在夜间、清晨偶尔出没，白天不再出来，当地百姓感恩竺僧朗的佛法威德，从此便将金舆谷叫作"朗公谷"。当时，著名隐士张忠也在泰山，竺僧朗与他情趣相投，便结交为道友，经常相互往来，切磋修行。泰山自古以来就是帝王封禅祭祀天地的地方，这里本来就有些神秘气息，竺僧朗来这里修行对扩大他的影响很有帮助。他通晓佛经，又有些神通，加上泰山的神秘色彩，很快他便被附近的信众们传得神乎其神，获得了极高的声望。

前秦皇帝苻坚对竺僧朗非常钦慕，曾派使者带着礼物前往金舆谷征召，并赠送珍贵的紫金数斤，供他镶镀佛像，另外还赠送了绢绫三十匹、奴仆三人。竺僧朗收下了礼物，但没有接受去长安的邀请，他以自己老病不能前往表示辞谢。苻坚此后经常遣使致书、布施资助，后来他整顿过中土僧侣，以便淘汰不守戒律的伪滥僧尼，还特别下诏说："朗法师戒德高尚清洁，弟子也戒行清净，昆仑一山，不在搜查之例。"以此表示他对竺僧朗的敬重和信任。南燕主慕容德曾授予竺僧朗"东齐王"的封号，并把奉高（今山东泰安东）、山茌（今山东长清东南）二县的租税送给僧朗收取，希望竺僧朗以大恩、神威护佑他，僧朗回复说："陛下龙飞，统御百国……贫道味静深山，岂临此位？且领民户，兴造宝刹，所崇像福，冥报有所归。"意思是说，我一个出家人怎么能要王号呢，不过奉高、山茌二县的租税我可以收下，收入全部用来建造寺庙、佛像，这些功德福报自然还是您的。竺僧朗非常善于和帝王们交往，他的回复多能做到既让他们感到满意，又不让自己屈从他们的意志。除了前秦苻坚、南燕慕容德，其他如东晋孝武帝司马曜、后燕慕容垂、后秦姚兴、北魏道武帝拓跋珪等，也都曾先后致书竺僧朗，赠送厚礼，希望结交或邀请前往。竺僧朗也都只收受礼物，而婉言谢绝邀请。

道安法师一生曾先后被不少帝王赏识，但也不曾像竺僧朗这样先后获得六位帝王的崇拜、赏识，竺僧朗的这一殊荣在中国佛教史上也算是绝无仅有了。

道安、法和一干人等到了泰山以后，便往西北的金舆谷昆仑山行进。这里群峰对峙，苍柏满山，飞流叠瀑，清凉宜人，虽说山高路险，道路迂曲，一边欣赏美景，一边行路，众人倒也没有觉得特别累。走了很久，众人已远远望见山门，便径直朝那边走去，刚到山门，便有几个小沙弥上前行礼问讯："请问诸位高僧大德可是从长安来的？师父一大早便让我们在此等候了。"道安、法和一听，大惊，道安对法和说："此次前来，贫道未曾提前告知啊！"小沙弥笑着说："大德不必吃惊，我们师父一向如此，连来人多少一大早就告诉准备斋饭的师兄们了。""他老人家还说来的可是故旧呢。"另一个小沙弥也跟着附和。道安感叹不已，对法和说："不想僧朗如今竟有当日大和上的神通风采。"于是便与法和等一同由小沙弥引路前去拜会竺僧朗了。三位同门三十多年未曾相见，不免感慨万分，随后一番叙谈……

时值夏末，山中气候清凉怡人，竺僧朗告诉两位同门，昆仑山东面是青龙峰，西面是白虎山，南有金舆山，北为通天峪，风景美不胜收，极力邀请他们走前四处游览一番。道安法师便与法和在众人陪同下登山游历。当他们登上一处高峰时，极目远眺，峰岫险丽，云海绵延，落日余晖之下，万物光彩熠熠。法和不禁感慨万千，他对道安法师说："这高山险境，曾有多少人前来游历过啊。然而，一旦死去，就连自己轮回的去处都无法知晓了。"道安法师见法和伤感，便宽慰他说："法师对佛法有信心，心有定处，又何必为下一世担心呢？一个人不能升起求取佛法真理的慧心，那才是真正可悲的事啊！"

从佛法上讲，有情众生因无明轮回于六道，只要他尚未能成就圣果，就难免还会堕入恶道，这是无可避免的，然而，一个人一世修行的结果并不可强求，所以，对修行的人来讲，最重要还是当世拥有正见，尽最大努力修行，其他又何必过于执着呢？从金舆谷会友时，道安法师对法和的一番宽慰看，此时的他虽然年老体衰，却并没有流露出对生命的执着、贪恋，反而让我们看到他对人生的了然豁达，这是难能可贵的。

劝诫苻坚

前秦永兴元年（357，东晋升平元年），苻坚称帝。他励精图治，剪除了前燕、前凉等几个胡人政权，逐渐统一了北方。经过二十多年的经营，前秦已经成为一个颇为强大的政权，当时它的势力范围东到沧海，西并龟兹国，北到大漠，南到襄阳，天下只有建康东晋一隅没有攻克了。这时的苻坚经常抑制不住自己一统天下的欲望，与身边的侍臣谈话的时候，他常常说："总有一天，朕要一挥铁骑，踏平江东，让那东晋孝武帝给朕当仆射，让那东晋宰相谢安给朕当侍中！"

此话传到慕容垂、姚苌等人耳中，他们都认为有利可图。这二人都是先前被苻坚征服的鲜卑族、羌族后人，希望借此事削弱苻坚势力，好寻机起事，便一再劝说苻坚南下平定江东，统一天下，封禅泰山，建立不朽的帝业。自前秦建元十五年（379，东晋太元四年）攻克襄阳城，俘虏了守将朱序，苻坚就经常按捺不住出兵江东的念头，如今他觉得时机已经成熟，便决定讨伐东晋。

然而，苻坚一提出此事，便遭到了他的弟弟平阳公苻融、朝臣石越、原绍等人的极力反对。苻融进谏说："这些年来我们一直在打仗，这样穷兵黩武下去会亡国的。何况我们的国家本是戎族，并非中土正朔，东晋虽偏居天下一隅，却是上天所护佑的华夏正统，是不可能被灭亡的。"苻坚回答说："谁当帝王哪有什么定数？谁有德谁当帝王罢了。你所以不如我，就是因为不懂得这个道理。当年那刘禅不也是承汉代的遗祚吗？最后还不是被灭了国。我正想交付给你征服天下的大事，你却处处坏我大事，这是为什么？你都这样，别人怎么听我的！"

苻融没能劝住苻坚，后来他又劝苻坚提防慕容垂、姚苌等鲜卑、羌虏的诡谲之言，苻坚仍然听不进去。苻坚说的当然不是没有道理，不过，这个时候他大概早就忘了八年前武侯王猛在临死前对他所说的那番话了。王猛是苻坚最信任的得力大臣，可以说，没有他苻坚便不可能统一北方。建元十一年王猛去世，苻坚痛不欲生。王猛死前对苻坚唯一的切谏和苻融所说如出一辙："东晋虽地处僻陋的吴、越之地，却是正朔所在。亲仁善邻，是治国之宝。臣死以后，希望陛下不要有讨伐东晋的想法。鲜卑、羌虏才是我们真正的敌人，他们最终会成为国家的祸患，应该逐步地消灭他们的势力，以安定社稷。"

苻融及众朝臣见无法劝阻苻坚，便想到了五级寺的道安法师。苻坚崇仰佛教，对道安法师一向敬重信任，或许他的劝诫苻坚能听取也未可知，于是众朝臣便一同前往五级寺请道安法师出面。道安法师自觉天下事纷扰难安，自己又人微言轻，开始只是一再推辞，他们对道安法师请求说："当今主上将要起兵讨伐江东，法师难道就不能为天下苍生说句话吗？"话说到这里，道安法师也不便推让，便同意伺机进言劝说。

过了几日，苻坚出游东苑，请道安法师前来同车游览。当时在场的仆射权翼见苻坚要让道安法师和他同车，觉得不符合礼法，便进谏说："臣听说天子乘法驾出行，应由侍中陪乘。像道安这样的毁形之人，怎么可以让他坐在陛下的身边侍驾呢？"

汉代司马迁曾说："刑余之人，无所比数，非一世也，所从来远矣。昔卫灵公与雍渠载，孔子适陈；商鞅因景监见，赵良寒心；同子参乘，爰丝变色。自古而耻之。"这是说，受过宫刑的人，不能同正常人相提并论，历史上一直就是这样。春秋时卫灵公和宦官雍渠同车，孔子就出走陈国；商鞅靠宦官被秦孝公召见，赵良就感到心寒；宦官赵谈陪汉文帝坐车，大臣袁盎就勃然变色。中土自古以来就鄙视宦官，司马迁也受过宫刑，所以自称"刑余之人"。权翼是个恪守儒家礼节的人，儒家一向认为，身体发肤受之父母，不可毁伤，沙门剃度出家，在他看来也是毁形之人，所以，他认为苻坚邀请道安法师同乘一车有损天子威仪。

然而，苻坚哪里相信这一套，他一向崇信佛法，视道安法师为佛门圣人，一听权翼如此辱损他心中的神僧，顿时勃然大怒，他训斥道："安法师道德隆盛，就是用整个天下也换不来，朕和他同车乘坐这点微末的荣耀根本不足以表彰他的德行。"说罢，苻坚便命令仆射权翼亲自搀扶道安法师乘车。权翼虽心中不满，也没有办法，只好照做。

这件事不禁让我们想起，当年石虎崇信道安法师的师父佛图澄，引起大臣王度等人不满，他们以佛不是华夏本土所出之神为名进谏石虎，要求从此废止对佛法的信仰，石虎对此很不高兴，认为自己本来也出自蛮夷之地，却能君临天下，佛既然是戎神，那岂不是更应该敬奉吗？所以石虎反而下诏正式允许百姓可以出家修行。

车队出发不久，苻坚对道安法师和颜悦色地说："朕打算与大法师南游吴越之地，到时候，我们整顿讨伐大军巡狩江东，就可以到会稽一带观览一下大海的苍茫壮观了，那岂不是很快乐吗？"

道安法师知道，苻坚想讨伐东晋，先前在朝中提议此事，曾经遭到不少朝臣的反对，这次所以请他一起游览东苑，又谈及此事，无非想在他这里得到支持，为堵塞朝臣们的反对意见找点借口。道安法师当然也不希望苻坚出兵江东，战事一起，生灵涂炭。他既然接受了朝臣们的恳请，便趁机向苻坚进谏说："陛下领受天命，君临华夏，治理百姓，如今已拥有八州朝贡，富足充裕，又居中土而控制着广大的疆域，应该以无为之道治理国家，那样便能在德行上与远古的圣王尧、舜相比，现在怎么会有兴动百万大军攻取江东的打算呢？江东一带土地贫瘠，多是些下下之田，况且东南一带地势低下，多有瘴气，也不是人生存的好地方。古代的时候舜帝和大禹前往游历都是去而不返，秦始皇往南方巡狩也是一去不归。依贫道看，您兴兵东晋的事情并非好事。平阳公苻融是您的亲人，石越是您信任的重臣，听说他们也觉得此事不可，都没能劝住您。贫道人微言轻，又怎么能打动您呢？只是贫道一向受到陛下厚遇，不能不对您一表忠诚罢了。"

道安法师的一番话果然没有说动苻坚，苻坚听道安法师说自己君临中土是天命所在，便说："朕所以想兴兵讨伐江东，一统天下，并非因为疆域不够广阔，人民不够多，只是想借此证明朕的确是真正的授命天子罢了。过去帝王们巡狩四方也有典籍记录，江东既然不肯归顺，朕兴兵前往巡狩又有什么不妥呢?"

道安法师知道已经难以劝阻苻坚,但他仍然希望天下少动干戈,以免生灵涂炭,便又建议说:"如果陛下非要兴兵,不妨先在洛阳召集兵马,耀武扬威,然后向东晋发布征讨檄文,劝他们归顺,如果他们不肯再兴兵讨伐为时未晚。"然而,这时候的苻坚讨伐东晋的决心已定,又哪里听得进去任何劝诚?

前秦建元十九年(383,东晋太元八年)八月,苻坚派平阳公苻融等率精锐部队二十五万为前锋,自己率大军六十万随后,又命梓潼太守裴元略率水师七万从巴蜀顺流东下,向建康进军。近百万大军前后千里,旗鼓相望,浩浩荡荡,直逼江东,苻坚宣称:"我这么多的人马,就是把马鞭扔到江中,都能阻断江水!"

东晋见苻坚大军来侵,便派征虏将军谢石、徐州刺史谢玄抵抗,东晋最强的兵力不过八万北府兵而已。

十月中,已经攻占寿阳的苻融抓获了晋军的报信士兵,得知东晋兵少粮缺,便通知苻坚希望迅速起兵。苻坚到寿阳后立刻派原东晋襄阳守将朱序到晋军大营去劝降,可谁知这个朱序不但没有劝降,还向谢石提供了前秦军队的情况。他认为前秦百万大军还在调动中,一旦兵力集中起来,晋军就难以抵御。他建议东晋趁前秦军队尚未立稳脚跟,迅速发动进攻,挫败他们的前锋部队,便能取胜。

东晋采取了朱序的意见,从十一月开始对前秦发动了攻击。两军对峙淝水,晋军无法渡河,谢玄写信给苻融要求对方先退让,让他们渡河,以便决战,苻坚、苻融都认为可以趁敌军渡河一半的时候偷袭,便同意暂时退避,谁知道前秦众将领此次征讨东晋本来就没有多少斗志,后撤的命令一下,就涣散得不像样子了。这时候朱序又从中制造混乱,在前秦阵营后方大叫："秦兵败啦！秦兵败啦！"前秦众将士不知真假，顿时溃不成军，东晋谢玄率领八千骑兵趁势渡过淝水，向前秦发动猛攻，前秦大败。前秦军队逃跑的将士们被吓破了胆，沿路听到风声鹤唳，晚上看到树木的影子摇动，都以为是晋军追来了，这可真是草木皆兵啊！当苻坚带着箭伤逃回至洛阳的时候，就只剩下十万多人马了。

苻坚淝水之战失败后，国力大大衰弱，先前被征服的鲜卑、羌等部族酋豪纷纷举兵反叛。前秦建元二十年，慕容冲起兵反叛，九月兵临长安城，第二年六月便攻入了长安。

道安法师劝诫苻坚失败后，知道前秦的命运也快走到终点，他感到自己在世的时间也不会太久了，此后他仍然在五级寺继续主持译经道场，如前面所述，当时的很多佛经翻译，都是在慕容冲攻打长安的战鼓声中完成的，这也是道安法师在生命的尽头为佛法事业所作的最后的努力。他孜孜不倦的弘法精神的确令人感动！

往生弥勒净土

今天我们说到净土信仰，很容易想起西方极乐净土，也就是以阿弥陀佛信仰为核心的净土宗，信奉经典有《无量寿经》《观无量寿经》《阿弥陀经》《往生论》等，称专注持念"阿弥陀佛"的名号，可往生西方极乐世界。这种佛教信仰、修行因为简便易行，唐宋以后广为流传，今天已成为流传最广、影响最大的民间佛教信仰。一般认为净土宗的实际创始者是唐代的道绰（562～645）和善导（613～681），但实际上持念弥陀名号以求往生的思想可以追溯到东晋慧远（334～416），所以净土宗又追慧远为初祖。慧远曾在庐山东林寺建立"莲社"（也称"白莲社"），倡导"弥陀净土法门"，号称"莲宗"，所以，净土宗也被称为莲宗。不过，在东晋慧远之前，中土曾一度流行的净土信仰并不是阿弥陀佛的极乐净土信仰，而是弥勒菩萨的净土信仰，道安法师所信奉的也是这种弥勒净土信仰。

在佛教中，弥勒菩萨是释迦牟尼佛授记的下一任佛陀，他将在人寿达到八万岁的时候降生人间，成就无上佛果，弘化宣教。这在今天上座部佛教、汉传佛教中都有记载，不过汉传佛教中关于弥勒菩萨的经本更多些。在北传《增一阿含经》中的《十不善品》中就有对弥勒菩萨的详细记载。《增一阿含经》，秦建元二十一年（385，东晋太元十年）曾由昙摩难提译出，后僧伽提婆又重译了此经，今天保存在《大正藏》中的应该是僧伽提婆的译本。据《十不善品》所说：

在佛法历史的未来世界，有一个地方叫翅头末城，东西十二由旬（一由旬大约 11.2 公里），南北七由旬。那里繁盛富足，街巷成行，人民也善良公正，谦恭有礼，相互尊重，没有矛盾，生活得非常快乐。那个时候，自然界中生有甘美的果树，散逸着果香。野外自然生长着能产粳米的植物，米成熟后裸露在外，也没有包裹的皮，非常香美。野外还有一种自然生长的树木，会长出极为柔软细致的像衣服一样的东西，人们可以随意取来当衣服穿。所以那个时候的人民衣食无忧。那个时候，人的寿命八万四千年，女子要成长到五百岁才结婚生子。

在未来的佛法世界中，弥勒菩萨降生，他同释迦牟尼佛一样，有三十二大丈夫相八十种好，皮肤金黄色。那时，在离翅头末城不远的地方有一种叫作龙华的树，树高一由旬，可遮蔽五百步那么远。弥勒菩萨因见到欲乐的过患，产生厌离的思想，便在夜半出家，并在当夜成就无上道果。弥勒菩萨成佛后，便有八万四千人请求出家学法，都成就了阿罗汉道果。在弥勒佛随后的传法中都有非常多的人成就阿罗汉果，其中最初的法会有九十六亿人得阿罗汉果，第二次法会有九十四亿人成就阿罗汉果，第三次法会又有九十二亿人成就阿罗汉果。弥勒佛涅槃后，他所传佛法会流传在世八万四千岁……

从这些讲述中可以看到，弥勒佛未来降临的世界是很殊胜的，是一个充满快乐的世界，在他的弘化下成就阿罗汉道果的人也是特别多的，与释迦牟尼佛的法化时期相比，弥勒佛降世时人们的修行大多是轻松愉快的，修行解脱大多是以乐行道为主，而不像我们现在这个佛法时期，大部分人修行解脱都要走苦行道。所以，有很多人会很羡慕弥勒降生成佛的世界，希望自己在未来世能有机会跟随弥勒佛修行成道，这样便逐渐产生出对弥勒的信仰。然而，因为弥勒尚未成佛，他现在还只是一位修行的菩萨，对弥勒菩萨的信仰到底是怎样的呢？根据一些佛教史的说法，弥勒菩萨降临人间成佛前，他一直居住在六欲天的兜率天内院为天人们宣讲佛法。于是便有很多人希望自己通过称念弥勒、信仰弥勒，能在死后投生到兜率天弥勒菩萨主持说法的地方，向弥勒菩萨学习佛法。这便是弥勒信仰的大致情况了。

弥勒信仰传入中土远在《增一阿含》译出之前，东汉所译《道行般若经》和两晋陆续译出的《放光般若经》《摩诃般若经》《维摩经》等，都有弥勒信仰的内容，西晋沙门竺法护所译《弥勒菩萨所问本愿经》是专讲弥勒菩萨的经本。道安法师出家后受弥勒信仰影响很深，他具体什么时候开始弥勒信仰无从知晓，不过兴宁三年（365），道安法师在新野分遣徒众，与同门竺法汰道别，竺法汰就曾对他说过"至于高会净国，当期岁寒耳"的话。这里所谓"净国"就是指弥勒净土，他的意思是说，他们要再次见面，也许要等到往生西方弥勒净土的时候了。

《高僧传》记载，道安法师曾与弟子法遇等人在弥勒像前立下誓言，愿意往生兜率宫弥勒净土。道安法师在襄阳的时候，前秦皇帝苻坚钦慕他的声名，曾派人赠送佛像，其中就有"结珠弥勒像"，这大概也与他听说道安法师信仰弥勒菩萨有关。他的弟子中和他一起立誓的，除了法遇，还有昙戒。昙戒晚年的时候，由庐山慧远提倡的弥陀净土信仰已经很流行，但后来昙戒病重，却常常诵念弥勒菩萨不停口。那个时候，他的弟子智生在一旁服侍、看护，感到奇怪，便问他："师父为什么不愿往生阿弥陀佛的西方极乐世界呢？"昙戒回答说："我和大和上（指道安法师）等八个人曾一起立誓，愿意往生兜率宫弥勒净土。和上和道愿等人都已经往生了，我还没能去，所以有此愿望啊。"

据《高僧传》记载，昙戒说完这番话后，就有光照耀在他的身上，他容颜愉悦，安静地往生了。昙戒死后被安葬在道安法师的墓旁。

由此看，除了道安、竺法汰、法遇、昙戒及昙戒提到的道愿五人之外，曾和道安法师一起立誓的应该还有三人。据《名僧传抄》，道安的好友隐士王嘉也是一位弥勒净土信仰者。另外，曾经和道安法师一起隐藏濩泽的沙门竺僧辅后来到了荆州上明寺，据《高僧传》记载，他也是信仰弥勒净土的，很可能也是其中之一。此外，唐代高僧窥基（632~682）在《观弥勒上生兜率天经赞》中谈到弥勒信仰，曾说："且上圣上贤皆修此业。《西域记》说，西方即有无著、天亲、师子觉等菩萨。《高僧传》说，此方亦有弥天释道安、庐山慧远、慧持等。"但今天《高僧传》中并不见有慧远兄弟信仰弥勒的记载。

143

修行弥勒信仰应该主要是通过礼佛、诵经、念佛等方式来进行的，《名僧传抄》卷二十三《昙戒愿生兜率事》说，昙戒曾诵经五十万言，以礼佛为业，晚年疾病沉重时，更是口诵弥勒，不敢懈怠。《高僧传·竺僧辅传》提到竺僧辅的修行时，说他"单蔬自节，礼忏翘勤，誓生兜率，仰瞻慈氏"。这是说竺僧辅的修持法门主要是素食、礼忏。当时佛教界还没有普及素食，汉传佛教中沙门普遍不吃肉是从梁武帝提倡才开始的。道安法师怎样修行弥勒信仰没有记载，不过，应该也不出诵念与弥勒相关的经文，礼拜弥勒佛像，称颂弥勒名号之类，这些修行方式，为后世的弥勒信仰者如何修持树立了典范。

古代有很多人信仰弥勒菩萨，愿意往生兜率净土，这与佛经中对弥勒菩萨成佛时的殊胜景象的描述有关，很多人希望在未来世能有机会跟随弥勒佛修行，不过，对有些修行的人来讲，他们所以选择弥勒信仰可能还有另一层原因，那就是他希望能向弥勒菩萨询问疑难。佛陀入灭以后，他后代的弟子们在修行中难免会碰到一些难以解决的疑问，佛陀已经入灭，但弥勒菩萨是未来佛，他既然在兜率天，那么能向他询问是最好不过的吧？所以，就有很多关于向弥勒菩萨决疑的佛经故事产生。在印度就有很多这样的传说，比如，论师德光曾凭借天军罗汉的神通力，上升到天宫面见弥勒菩萨希望解答疑惑；提婆向某罗汉请求解答疑问，罗汉不能解答时，就暗中借神通力往兜率天宫请教弥勒，顷刻间又回来回答提婆；论师无著晚上通过神通上到兜率天宫听弥勒菩萨传授《瑜伽论》《庄严大乘论》《中边分别论》，在白天便下来向大众说法……

道安法师之所以选择弥勒信仰，很可能也有这一方面的原因，他在长期研读、注释佛经的过程中碰到过很多他感到疑惑而不能解决的问题。他潜修濩泽时期，研读佛经碰到困难，就曾希望大和上佛图澄能再显神力来帮助他。另外，据《高僧传》记载，道安法师在注释佛经的时候，也经常担心注释得不合理，但又没有什么办法决疑，他便发誓说："如果我的解释还算合理，希望能见到瑞相，以便印证。"

道安法师发誓不久，晚上便梦见一个头发全白、眉毛长长的外国沙门，他对道安法师说："你所注释的佛经都很符合佛法义理。我不能入涅槃，现住在西域弘扬佛法，你如果常给我供奉食物，可以帮助我弘法。"

得到这样的祥瑞梦境，道安法师很感动，便让人设案供奉食物，表示礼敬，但他并不知道所梦到的长眉沙门是什么人。后来《十诵律》传入中土，慧远才从中得知，他的师父道安法师所梦到的人是宾头颅。他是佛陀的弟子之一，证得罗汉果位，长于神通。据《十诵经》记载，一次他为了取得一只悬在半空的钵而显现了神通，因他妄自显弄神通，佛陀便不准他入涅槃，并命他常住人间，造福世人。自从大家知道道安法师所梦见的是宾头颅以后，中土便有了设案供奉长眉罗汉宾头颅的传统。

然而，发誓愿意得到祥瑞，以此来印证自己注释佛经是否正确，其实是在完全无助的情况下不得已才那么做的，这种办法终究不是长久之计。道安法师的时代盛行弥勒信仰，对他来说，如果能往生弥勒净土，那他就有机会当面向未来佛决疑，彻底解决自己的困惑了，这很可能是道安法师立誓往生弥勒净土的一个很重要的原因。

据《高僧传》的记载，道安法师最终实现了他往生弥勒净土的愿望。

前秦建元二十一年（385）正月二十七日，有一个长相丑陋、形貌奇异的沙门前来五级寺投宿，因为寺中客房紧张，只好让他在讲堂暂住一夜。晚上，寺中的执事僧在大殿值守，看到这个投宿的沙门竟然能从窗户的缝隙间出入，便立刻前去向道安法师报告。道安法师听说后大惊，知道来的不是一般人，急忙前去礼敬，询问来意。那位沙门回答说："正为你而来啊。"道安法师一听，知道自己的生命很快就要走到尽头了。他虽然立誓往生弥勒净土，但并不知道能否实现这个愿望，便说："我总觉得自己罪业深重，难道可以得到超度解脱吗？"那沙门回答说："当然可以。你如果能为圣僧洗浴，就一定可以实现你的愿望。"说完，他便向道安法师详细开示了浴僧的方法。

道安法师又向那个奇异的沙门请教自己来世的去处，那沙门便伸手向着天空的西北角在空中轻轻一拨，只见那个方向立刻云雾散去，显出兜率天宫的奇妙胜景来……

据说，那天晚上寺中沙门有数十人都同时看到了天空中的奇异景象，他们因此也都知道道安法师不久即将往生弥勒净土了。

于是，道安法师便照奇异沙门的嘱咐，让人安排好洗浴的地方及用品，不久便看到有数十个非常特别的小孩，一起蹦蹦跳跳地来到寺中游戏玩耍，过了一会儿，他们便到洗浴的房间洗浴去了。道安法师知道，那些小孩子就是先前奇异沙门所说的圣僧所变化的。有了这种祥瑞的印证，道安法师心中感到非常的安稳，他往生弥勒净土的愿望可以实现了。

过了几日，道安法师的好友隐士王嘉前来问候他。这个王嘉也是一个弥勒净土的信仰者，他常有未卜先知的能力，经常用隐晦的语言透露还没有发生的事情，往往能得到验证。道安法师见他来看望自己，心想，他一定已经知道自己不久就要往生了吧，便对他说："如今世道混乱，不久就要牵连到我们了，我们一起离开吗?"

从上一年九月,慕容冲开始攻打长安,至今已有四个多月,这年正月慕容咩死后,慕容冲继承皇位,攻势更是一天比一天猛烈,长安城已经支撑不了多久。道安法师对此局势很清楚,所以,他问隐士王嘉是否有意与他一起离开这混乱的世道,往生弥勒净土。王嘉听后却说:"大师说得没错,不过,大师还是先去,在下还有点小债没有还清,没法和您一起去。"

道安法师知道王嘉这样说一定事出有因,也便不再多问。

过了没多久,一天,道安法师突然对寺中的僧众们说:"我该去了。"

道安法师吃完斋饭后就无疾而终,往生弥勒净土了。这一天是二月八日,道安法师七十四岁。道安法师去世后,就被安葬在五级寺中。

隐士王嘉所谓"小债"应验在此后姚苌占领长安的时候。当时,王嘉正在城中,姚苌久闻王嘉是个奇人,能预言未来的事,那时他正与前秦苻登打得相持不下,便请王嘉来问能不能斩获苻登,王嘉回答说:"略得。"姚苌认为王嘉的意思是说"大概能得",便非常生气,说:"能得就说能得,说什么大概能得?"于是一怒之下,便将王嘉斩了。这就是王嘉所说的没有还清的"小债"了。然而,过了数年,前秦苻登终于被姚苌的儿子姚兴战败杀死。姚兴,字子略。原来王嘉的意思是说,苻登将死于姚兴之手。这个王嘉也真是个奇人。

一代佛法大师释道安辗转中土的大江南北,为弘法事业孜孜不倦地努力了一生,最终在长安五级寺安息了。他得以往生弥勒净土,此生应该没有什么遗憾了,如果说有,也许就是没能见到鸠摩罗什。

鸠摩罗什也是一代高僧,在道安时代他早已名闻西域,道安法师也久闻其名。沙门僧纯到龟兹国求法，曾多次听鸠摩罗什法师讲法，他到长安五级寺参加道安法师的译经道场，又将罗什法师的佛法修为及事迹介绍给道安法师，由此，道安法师对鸠摩罗什更加倾慕不已，常常希望能有机缘和他一起研读佛经，请教疑难。道安法师还常劝说符坚派人前往西域求请鸠摩罗什来中土传法。据说，当时远在西域的鸠摩罗什也听说道安法师的大名，称他是东方的佛门圣人，常常遥对中土方向向道安法师敬礼。道安、鸠摩罗什二人是中国佛教史上的两大佛学泰斗，前者筚路蓝缕，历尽了探索印度佛教在中国本土化的艰难进程，后者则以奇学旷才开创了中国佛教发展的新纪元，将中国佛教带入了成熟发展的时期。

道安法师去世十六年后，鸠摩罗什法师历尽艰难才得以来到长安，他最终未能见到道安法师，感到非常的悲伤、遗憾……

附 录

年 谱

312 年（西晋永嘉六年，前赵嘉平二年） 道安出生于冀州常山扶柳（今河北正定南）一户姓卫的书香门第。

314 年（西晋建兴二年，前赵嘉平四年） 石勒斩杀王浚及其部下一万多人，幽州、冀州失陷。大约在这一年道安丧失父母，由表兄孔氏抚养。

318 年（东晋太兴一年，前赵光初元年） 道安入私塾，再览能诵。

323 年（东晋太宁元年，前赵光初六年） 道安出家为沙弥，从事僧舍、田间劳动。

326 年（东晋咸和元年，前赵光初九年） 道安向师父借阅佛经，阅读《辨意经》《成具光明经》，当天便能背诵，令师父吃惊。

331 年（东晋咸和六年，后赵建平二年） 道安受具足戒，出寺四处游学。

335 年（东晋咸康元年，后赵建武元年） 道安与弟子昙徽一起到邺城，见佛图澄，拜佛图澄为师。

348 年（东晋永和四年，后赵建武十四年） 道安的师父佛图澄去世。

349 年（东晋永和五年，后赵建武十五年） 后赵石氏之乱，石虎死，石遵杀石世自立。道安被石遵邀请住华林园（今河南安阳一带）。同年，道安率僧众避乱漳浊河流域的牵口山（邺城西北）。

350 年（东晋永和六年，后赵永宁元年） 道安率僧众避乱太行山脉南面的王屋山、女休山、濩泽一带（山西阳城西南）。此后两三年（到 352 年前后），道安带领僧团潜藏在濩泽一带。此间道安研读、注释了《大十二门经》《小十二门经》《安般守意经》《道地经》及《阴持入经》。

352 年（东晋永和八年，冉魏永兴三年） 大约在年底，北方战事消歇，

149

局势已基本稳定，道安带部分僧众前往飞龙山。

353 年（东晋永和九年，前燕元玺二年） 大约在春夏之交，道安带领僧众到达太行恒山（今河北唐县大茂山），立寺弘化。

354 年（东晋永和十年，前燕元玺三年） 收慧远兄弟为徒。

355 年（东晋永和十一年，前燕元玺四年） 道安和竺法汰到武邑（今河北武邑）讲经。

356 年（东晋永和十二年，前燕元玺五年） 道安率慧远等一行僧众离开了恒山，回到了他阔别已久的邺城，住受都寺。

357 年（东晋升平元年，前燕光寿元年） 前燕迁都邺城。弟子慧远讲般若实相。

360 年（东晋升平四年，前燕建熙元年） 正月，燕主慕容儁在邺城大阅兵，突然重病。道安率领僧团撤离邺都，直奔王屋、女休山的濩泽而去。

361 年（东晋升平五年，前燕建熙二年） 河内太守吕护投降东晋，前燕数万大军包围野王（今河南沁阳市），道安率僧众渡黄河，到达陆浑（今河南嵩县东北），潜藏草野，苦修度日。

365 年（东晋兴宁三年，前燕建熙六年） 三月，前燕攻克洛阳，直逼陆浑。道安带领僧团南下避难。四月，襄阳（今湖北襄阳）习凿齿写信邀请道安前往襄阳弘法。道安收到习凿齿的信，决定前往襄阳。道安在新野分遣徒众。命竺法汰前往扬州，法和向西入蜀，自己带领僧团大部南下襄阳。道安到襄阳住白马寺。深秋，竺法汰在荆州召开法会，在前来探望的慧远的帮助下大破沙门道恒的"心无义"。

372 年（东晋咸安二年，前秦建元八年） 在东晋权贵桓朗子的邀请下，道安前往江陵暂住。

373 年（东晋宁康元年，前秦建元九年） 东晋大将朱序镇守襄阳，接道安回襄阳。僧团队伍壮大，道安觉得白马寺太小，兴建檀溪寺。晋孝武帝下诏供道安俸禄，等级与王公相同。

376 年（东晋太元元年，前秦建元十二年） 撰《渐备经十住梵名并书叙》。撰《合放光光赞略解》并写序言。

377 年（东晋太元二年，前秦建元十三年）　前秦太史向苻坚上奏，有星在外国分野出现，说明有"圣人"可以辅佐朝政。苻坚认为"圣人"应该是道安、鸠摩罗什。

378 年（东晋太元三年，前秦建元十四年）　二月，苻坚派苻丕做统帅攻打襄阳。道安被朱序软禁，无法离开襄阳，便在襄阳再次分遣徒众。

379 年（东晋太元四年，前秦建元十五年）　三月，苻丕攻陷襄阳城，道安、朱序、习凿齿等人被送到关中长安（今陕西西安、咸阳附近）。主持翻译《十诵比丘戒本》（初冬完成）、《尼受大戒法》（十一月完成）、《教授比丘尼二岁坛文》（十一月完成）、《比丘尼大戒》（十一月完成）。

382 年（东晋太元七年，前秦建元十八年）　主持翻译了《鼻奈耶》（三月完成）、《阿毗昙抄》（夏天完成）。八月，到邺城拜祭佛图澄。九月，苻坚派吕光攻打龟兹，求取鸠摩罗什。道安与法和前往泰山金舆谷拜会同门竺僧朗。主持翻译《四阿含暮抄解》（十一月完成）。主持翻译《摩诃钵罗若波罗蜜经抄》。

383 年（东晋太元八年，前秦建元十九年）　主持翻译《鞞婆沙阿毗昙论》（八月完成）、《阿毗昙八犍度论》（十月完成）。七月，苻坚攻打东晋。淝水之战前秦失败。

384 年（东晋太元九年，前秦建元二十年）　三月，慕容冲起兵反叛，九月兵临长安城。主持翻译《婆须蜜集经》（七月完成）、《僧伽罗刹经》（十一月完成）。

385 年（东晋太元十年，前秦建元二十一年）　主持翻译《增一阿含经》（春天完成）。二月八日，道安在长安五级寺去世。

主要著作

（一）著作

1.《大十二门经注》（佚）。

2.《安般守意经解》（佚）。

3.《阴持入经注》（佚）。

4.《大道地经注》（佚）。

5.《人本欲生经注》（存）。

6.《了本生死经注》（佚）。

7.《阿毗昙抄》（佚）。

8.《光赞折中解》（佚）。

9.《光赞抄解》（佚）。

10.《般若放光品折疑准》（佚）。

11.《般若放光品折疑略》（佚）。

12.《般若放光品起尽解》（佚）。

13.《合放光光赞略解》（佚）。

14.《道行品集异注》（佚）。

15.《道行指归》（佚）。

16.《实相论》（佚）。

17.《性空论》（佚）。

18.《泥洹经注》（佚）。

19.《小十二门经注》（佚）。

20.《往生论》（佚，存疑）。

21.《二众从解脱缘》（佚）。

22.《密迹金刚经甄解》（佚）。

23.《持心梵天经甄解》（佚）。

24.《贤劫八万四千度无极经解》（佚）。

25.《西域志》（佚）。

26.《四海百川水源记》（佚）。

27.《经录》（佚）。

28.《十法句义》（佚）。

29.《十法句杂解》（佚）。

30.《义指注》（佚）。

31.《九十八结解》（佚）。

32.《九十八结约通解》（佚）。

33.《三十二相解》（佚）。

34.《三界诸天录》（佚）。

35.《安法师法集旧制三科》（佚）。

（二）序文、书信

1.《大十二门经序》（存）。

2.《小十二门经序》（存）。

3.《安般守意经注序》（存）。

4.《阴持入经序》（存）。

5.《道地经序》（存）。

6.《中阿含经序》（佚）。

7.《增一阿含经序》（存）。

8.《四阿含暮抄解序》（存）。

9.《人本欲生经序》（存）。

10.《了本生死经序》（存）。

11.《僧伽罗刹经序》（存）。

12.《婆须蜜集序》（存）。

13.《阿毗昙序》（存）。

14.《鞞婆沙序》（存）。

15.《阿毗昙心序》（佚）。

16.《三法度序》（佚）。

17.《阿毗昙抄序》（佚）。

18.《般若折疑略序》（佚）。

19.《合放光光赞略解序》（存）。

20.《道行经序》（存）。

21.《摩诃钵罗若波罗蜜经抄序》（存）。

22.《渐备经十住梵名并书叙》（存）。

23.《鼻奈耶序》（存）。

24.《比丘大戒序》（存）。

25.《十法句义经序》（存）。

26.《答法汰难》（佚）。

27.《答法将难》（佚）。

28.《答郗超书》（存）。

参考书目

1. 释慧皎著，汤用彤校注：《高僧传》，中华书局，1992 年。

2. 释僧祐著，苏晋仁等校注：《出三藏记集》，中华书局，1995 年。

3. 汤用彤：《汉魏两晋南北朝佛教史》（上），中华书局，1983 年。

4. 吕澂：《中国佛学源流略讲》，中华书局，1979 年。

5. 吕澂：《印度佛学源流略讲》，上海人民出版社，2005 年。

6. 任继愈：《中国佛教史》第二卷，中国社会科学出版社，1985 年。

7. 陈寅恪：《魏晋南北朝史讲演录》，黄山书社，1987 年。

8. 季羡林等：《大唐西域记校注》，中华书局，2008 年。

9. 方广锠：《道安评传》，昆仑出版社，2004 年。

10. 胡中才：《弥天释道安》，香港新世纪出版社，2004 年。